■东莞职业技术学院"双高计划"建设项目"提升治理水平"成果
■东莞职业技术学院提质培优建设项目"中国特色职教体系研究"成果

现代职业教育创新实践研究

XIANDAI ZHIYE JIAOYU CHUANGXIN SHIJIAN YANJIU

李玮炜　肖霞　贺定修　著

中国海洋大学出版社

·青岛·

图书在版编目（CIP）数据

现代职业教育创新实践研究 / 李玮炜，肖霞，贺定
修著 . -- 青岛 : 中国海洋大学出版社 , 2022.6
ISBN 978-7-5670-3195-1

Ⅰ . ①现… Ⅱ . ①李… ②肖… ③贺… Ⅲ . ①职业教
育—教学研究 Ⅳ . ① G712.0

中国版本图书馆 CIP 数据核字 (2022) 第 105331 号

现代职业教育创新实践研究

出 版 人	刘文菁
出版发行	中国海洋大学出版社有限公司
社　　址	青岛市香港东路 23 号　　　邮政编码　266071
网　　址	http://pub.ouc.edu.cn
责任编辑	郑雪姣　　　　　　　　　电　话　0532-85901092
电子邮箱	zhengxuejiao@ouc-press.com
图片统筹	河北优盛文化传播有限公司
装帧设计	河北优盛文化传播有限公司
印　　制	三河市华晨印务有限公司
版　　次	2022 年 9 月第 1 版
印　　次	2022 年 9 月第 1 次印刷
成品尺寸	170 mm × 240 mm　　　　印　张　11.5
字　　数	284 千　　　　　　　　　印　数　1 ~ 1000
书　　号	ISBN 978-7-5670-3195-1　定　价　68.00 元
订购电话	0532-82032573（传真）　 18133833353

发现印刷质量问题，请致电 18133833353 进行调换。

本书对 40 多年来中国职业教育的发展、演化进行了回顾，重点关注 2012 年以来，中国职业教育取得巨大成绩背后的动因和理论脉络，并聚焦若干个影响中国职业教育发展的主流话语：现代化、产教融合、创新创业、高职治理、国际化……对于持续发展、体量庞大、层次丰富的中国现代职业教育，这种努力难免会"以偏概全"，但作者愿意做一些探索。

本书体现了宏观观照、中观审视和微观分析的逻辑思路，既从世界范围和国家职业教育思想体系、话语体系和政策体系层面进行全局性思考，也深入职业院校、专业群建设的具体实践进行分析评价，重点关注东莞职业技术学院十多年来的办学实践，按图索骥，遵循从"小切点"到"大视野"的研究脉络，为兄弟院校及区域高职院校提供参考。

本书是东莞职业技术学院"双高计划"建设项目"提升治理水平"和提质培优建设项目"中国特色职教体系研究"的成果，受到 2020 年度教育部人文社会科学研究青年基金项目"工业 4.0 背景下深化产教融合的职业教育人才培养模式创新研究——以物流管理为例"（20YJC880109）等有关基金项目的资助，是 2018 年东莞职业技术学院重大教改招标项目"项目带动、学生主体、政校企三轮驱动双创教育模式研究"的继续深化，在此对上述机构及个人致以诚挚的谢意。

由于作者水平有限，书中难免有疏漏之处，请广大读者批评指正。

作者

2022 年 1 月于松山湖

目录 Contents

第一章 主流地位及其影响 …………………………………… 001

　　第一节 主流现象：中国职业教育的现代发展 …………… 003

　　第二节 价值追问：中国职业教育的实践意义 …………… 017

第二章 职业教育现代化 ………………………………………… 037

　　第一节 道路选择：中国职业教育现代化的关键 ………… 039

　　第二节 东莞经验：现代高职院校的创新实践 …………… 054

第三章 治理问题 ………………………………………………… 081

　　第一节 高职扩招：职业教育的公平与使命问题 ………… 083

　　第二节 管办评分离：职业教育第三方评价反思 ………… 088

　　第三节 道德与法律：职业教育师德建设的底线 ………… 098

第四章 教育改革与创新 ………………………………………… 105

　　第一节 产教融合：职业教育迭代升级的核心命题 ……… 107

　　第二节 信息技术：公共卫生事件与在线教学 …………… 116

　　第三节 创新创业：21世纪职业教育的新常态 …………… 121

第五章　不确定性与国际化 ··· 143

　　第一节　对外开放：职业教育国际化进程及挑战 ······················ 145

　　第二节　提质培优：职业教育国际化发展新要求 ······················ 153

参考文献 ··· 163

后　记 ·· 173

第一章　主流地位及其影响

　　职业教育，是"通变"的"事业"，它在 21 世纪的今天正成为教育领域中的一种主流现象。"主流"是指事物发展的本质方面，决定事物发展的方向①。《关于推动现代职业教育高质量发展的意见》明确了职业教育的类型定位，指出了其在多样化人才培养、技术技能传承和就业创业促进中的重要作用，在我国全面建设社会主义现代化国家的新征程中，职业教育被定性为"前途广阔、大有可为"，将对我国的国民教育结构和人力资源开发发挥重要作用。

　　尽管职业教育要获得高等教育一样的地位，成为我们这个社会的价值共识和共同目标还有很长的路要走，然而，今天的职业教育较之其 40 多年前的社会地位和制度设计，称之为"质的飞跃"亦不为过。在国家战略和大众语境层面上，职业教育在当下和未来的闪光灯下，无疑稳坐教育合照的"C 位"，其价值已经由社会、经济和个人的实践检验得以证明。出于对成长平台的考虑，大众的心态虽谓喜忧参半，但是从制度设计上，职业教育已经打通了"最后一千米"，制约职业教育发展的天花板已经被破除，"职普融通"为职业教育和普通教育的"竞争者"提供了更多的机会。

　　职业教育之所以被视为一种主流现象或主流话语，是因为它在现代教育中与普通教育分量相当、互为补充、交叉融通，它和普通教育一起组成了我国教育的主要发展体系，共同决定了我国人才的基础能力和改革发展方向。职业教育在社会的变化转型中，体现出了不断调整自身、适应变化、造福社会的决心和勇气。

第一节　主流现象：中国职业教育的现代发展

　　教育的发展根植于社会对其的需求。20 世纪 70 年代末，高等教育在百废待兴的社会环境中被赋予了解放生产力、培养人才的历史使命。1983 年，邓小平同志提出的"三个面向"②为当时的教育改革指明了方向，成为后来我国包

———————

① 辞海编辑委员会.辞海[M].上海：上海辞书出版社，1995：1354.

② 1983 年 10 月 1 日，邓小平应北京景山学校邀请，作了"教育要面向现代化，面向世界，面向未来"的题词。它指明了教育要为社会主义现代化建设服务的方针，明确了要把实现现代化作为教育改革的目标，使教育适应经济和社会发展的需要。

括基础教育、高等教育在内的教育改革的总方针。1999 年，"高校扩招"成为高等教育重大教育政策之一，促使高等教育由精英教育向大众教育转变，加速了我国由人口大国向人力资源大国转变，进而增强了我国人力资源的国际竞争力。2015 年，国务院印发的《统筹推进世界一流大学和一流学科建设总体方案》拉开了"双一流"①大学的建设序幕，这一举措被视为继高等教育"985 工程""211 工程"后的又一次重大调整，成为撬动中国高等教育改革发展战略的杠杆。回溯过去，40 多年的实践证明，高等教育确实承担起了它的历史使命，在发展规模、速度、潜力和特色等方面均"取得了历史性成就"②。

2018 年，在改革开放 40 周年之际，职业教育在学校和人才培养规模上，同样值得关注：全国 1.2 万所职业院校的规模与普通高中、普通高校数量分庭抗礼；职业院校累计培养的 2 亿多名技术技能人才，是高等教育培养的 9 900 万名专门人才的 2 倍以上。如今，职业教育被视为在新发展中接过时代接力棒的"种子选手"，与普通高等教育在民生赛道上同场竞技。

职业教育的发展被认为与中国迈向现代化进程同步："改革开放以来，每当经济社会发展的关键时期，党和政府总要作出战略部署，出台重大政策举措，推动职业教育与经济社会发展相适应，这是中国职业教育取得成功的重要经验。现在，我们再次面临又一个关键时期——我们国家已经进入全面建成小康社会、实现中华民族第一个百年奋斗目标的决胜阶段，在这样的历史节点上，加快发展现代职业教育比以往任何时候都更加重要，研究和出台新一轮的政策

---

① 2015 年 8 月 18 日，中央全面深化改革领导小组会议审议通过《统筹推进世界一流大学和一流学科建设总体方案》；同年 10 月 24 日，国务院印发《统筹推进世界一流大学和一流学科建设总体方案》，对新时期高等教育重点建设作出新部署，将"211 工程""985 工程"及"优势学科创新平台"等重点建设项目，统一纳入世界一流大学和一流学科建设。世界一流大学和一流学科（First-Class Universities and Disciplines of the World）战略是中国高等教育领域继"211""985 工程"之后的又一国家战略，有助于提升中国高等教育综合实力和国际竞争力。

② 2018 年 12 月 17 日，时任教育部部长陈宝生同志在《人民日报》撰稿《中国教育：波澜壮阔四十年》，指出了高等教育在人才培养、科技供给水平以及服务经济社会发展能力上取得的历史性成就。

推动举措势在必行。"①

这可能是过去 100 年来，中国职业教育最接近教育舞台中心的一个时代，反映了在转型发展的经济社会中，各行各业、各领域对高素质技术技能人才的迫切需求，反映了中国走向创新型、技能型社会的重大转变。此外，中国职业教育发展的历史经验也正被发展中国家认可、学习和借鉴。

如今，职业教育已经成为当代教育的主流话语。它除了在国际社会的经济发展中具有实践价值，在当下的中国社会发展中也被赋予了新的任务、承担了新的历史使命，对社会发展、经济增长、产业转型升级、技术变革以及人的全面发展均有明显的促进作用，因而显得尤为重要。当前，我们要想在经济社会转型发展中进一步发挥职业教育的支撑作用，就需要培养复合型、发展型和创新型人才，进一步适应生产工具变革对劳动者的技能和素质的新需求，不断破除教育手段、教育内容和教育制度对人才培养的约束，持续解放社会生产力，促进科学技术变革和技能人才发展。但是，由于人才选拔和评价机制等方面的历史问题，加之职业教育适应发展的水平相对滞后，职业教育成为公共社会共同的追求目标，从主流话语成为主流价值，还有很多障碍需要跨越。

一、中国职业教育的战略地位

判断事物发展是否进入主赛道、主阵地，要看所在赛场是否为其发展制定了新规则，开拓了新场地。换言之，职业教育是否为教育的主流现象，是否在教育领域中独当一面，国家是否赋予其法定地位，是否将其纳入发展战略中来，是否健全配套政策，是否形成组织保障。本书提出"职业教育是现代教育的主流现象"的判断主要是基于国家制度安排、市场需求检验和进入黄金赛道三个方面的认识。

（一）国家法律确立职业教育的法定地位

1996 年，《中华人民共和国职业教育法》（以下简称《职业教育法》）正式颁布实施，这是 1949 年以来，我国颁布实施的首部职业教育法，对发展职业教育、提高劳动者素质、推动经济社会发展发挥了积极作用。《职业教育法》

---

① 中国职业技术教育学会. 职业教育若干专题研究报告汇编 [M]. 北京：高等教育出版社，2018：107-108.

颁布的 25 年后迎来了新的修订，本次修订事关我国经济社会发展全局，影响着国家的经济发展水平和教育现代化水平。

《职业教育法》的修订草案于 2021 年 6 月 7 日初次提请全国人大常委会会议审议。本次修订对职业教育的类型定位、体系层次、目标要求赋予了新角色、新任务和新使命。该修订草案指出："职业教育与普通教育具有同等重要地位。"这为进一步深化职业教育改革提供了法律基础，标志着国家坚定不移推进职业教育发展的强大意志，表明了职业教育在国民教育的主赛道上稳占一席之地。目前，我国已经形成了以《职业教育法》为基础，以《中华人民共和国教育法》《中华人民共和国劳动法》《中华人民共和国就业促进法》《中华人民共和国教师法》等相关法律为补充，行政法规、地方性法规为配套的职业教育制度框架（表 1–1）[1]。

表 1–1　中国职业教育制度框架

制度框架	举例
宪法	《中华人民共和国宪法》
基本法律	《中华人民共和国教育法》《中华人民共和国劳动法》
相关法律	《中华人民共和国职业教育法》《中华人民共和国高等教育法》《中华人民共和国教师法》《中华人民共和国民办教育促进法》《中华人民共和国就业促进法》等
行政法规	《教学成果奖励条例》《普通高等学校设置暂行条例》《扫除文盲工作条例》《教师资格条例》《中华人民共和国民办教育促进法实施条例》《中华人民共和国中外合作办学条例》《国务院关于大力发展职业教育的决定》《关于进一步加强高技能人才工作的意见》等
标准与规范	《中等职业学校设置标准》、教师专业标准、校长专业标准、高职院校生均拨款制度、专业仪器装备规范、数字校园建设规范等
部门规章和地方性法规等	略

---

① 中国职业技术教育学会. 职业教育若干专题研究报告汇编 [M]. 北京：高等教育出版社，2018：7-10.

2. 战略规划部署职业教育目标任务

国家重大战略是国家发展的蓝图。中共中央、国务院从国家发展全局出发，以"意见""决定""纲要"（或"规划""计划"）等形式，为国家重大战略进行系统化顶层设计。"意见"指明总方向和任务，"纲要"（或"规划""计划"）是对"意见"的贯彻，对目标的分解、具体化和具体任务的落实。[①]

改革开放 40 多年来，中共中央、国务院围绕国家重大发展战略，积极出台相关文件（表 1-2），从战略的目标性、宏观性和指导性出发对国家各个层面大力发展职业教育提出激励和要求，对职业教育发展予以大力支持，树立了职业教育在国家经济社会发展、国民教育和人力资源开发中的基础性地位。由此，职业教育在国家政策话语层面上确立了发展根基。在国家的战略部署下，教育部、财政部、人社部、发改委等国家有关部委、各级政府迅速响应，在职教体系、体制机制改革、职业院校建设、人才培养、校企合作、产教融合、人力资源和发展保障等方面出台配套政策，引导和推进社会和地方发展职业教育。

党的十八大以来，我国教育部联合有关部门出台了"创新发展行动计划""提质培优行动计划""双高计划"等行动方案，推进各地区确立了一批"示范校""骨干校""优质校"和"双高校"，使职业教育成为各个地方创新发展教育、提升教育发展水平的主要抓手之一，促使职业教育走入了千家万户，改变了社会对职业教育的传统认知，由此形成了从国家战略部署、部委和地方转化到职业院校（机构）落实执行的完整系统。

表 1-2　改革开放以来国家发展职业教育的重大政策文件

时间	颁布单位	政策文件
1982 年 12 月 10 日	全国人民代表大会常务委员会	《中华人民共和国国民经济和社会发展第六个五年计划（1981—1985）》
1985 年 5 月 27 日	中共中央	《中共中央关于教育体制改革的决定》
1991 年 10 月 17 日	国务院	《国务院关于大力发展职业技术教育的决定》

①佛朝晖,赵倩倩.新时代职业教育主动服务国家重大战略的意义、内容与策略[J].职教通讯,2019（5）：28-36.

时间	颁布单位	政策文件
1993 年 2 月 13 日	中共中央、国务院	《中国教育改革和发展纲要》
1999 年 6 月 13 日	中共中央、国务院	《中共中央国务院关于深化教育改革，全面推进素质教育的决定》
2002 年 8 月 24 日	国务院	《国务院关于大力推进职业教育改革与发展的决定》
2003 年 10 月 14 日	中共中央	《中共中央关于完善社会主义市场经济体制若干问题的决定》
2003 年 12 月 26 日	中共中央、国务院	《中共中央、国务院关于进一步加强人才工作的决定》
2005 年 10 月 28 日	国务院	《国务院关于大力发展职业教育的决定》
2007 年 5 月 18 日	国务院、教育部	《国家教育事业发展"十一五"规划纲要》
2010 年 7 月 29 日	中共中央、国务院	《国家中长期教育改革和发展规划纲要（2010—2020 年）》
2014 年 6 月 22 日	国务院	《国务院关于加快发展现代职业教育的决定》
2017 年 1 月 10 日	国务院	《国家教育事业发展"十三五"规划》
2018 年 1 月 2 日	中共中央、国务院	《中共中央国务院关于实施乡村振兴战略的意见》
2018 年 2 月 26 日	中共中央、国务院	《关于分类推进人才评价机制改革的指导意见》
2019 年 1 月 24 日	国务院	《国家职业教育改革实施方案》
2019 年 2 月 23 日	中共中央、国务院	《中国教育现代化 2035》
2020 年 10 月 13 日	中共中央、国务院	《深化新时代教育评价改革总体方案》
2021 年 3 月 12 日	全国人民代表大会常务委员会	《中华人民共和国国民经济和社会发展第十四个五年规划和 2035 年远景目标纲要》
2021 年 10 月 12 日	中共中央、国务院	《关于推动现代职业教育高质量发展的意见》

（三）标准指导职业教育规范发展

改革开放以来，我国职业教育在体制机制、招生就业、人才培养、科学研究、教师建设和管理服务等方面制定了有关制度，并按照"管好两端、规范中间、书证融通、办学多元"的原则，将标准化建设作为统领职业教育发展的突破口。先后确立、应用和推广的标准化制度包括教学标准、毕业学生质量标准、办学标准、育人机制、评价机制、资历框架等。有关职业教育标准的制定规范了职业教育发展的方方面面，明确了职业教育的高质量发展的目标要求，为职业教育在"新赛道"上取得新的更大成绩提供了制度保障。其中，国家资历框架制度（National Qualifications Framework）是职业教育的重大制度创新。国家资历框架是根据知识、技能和能力（素养）的要求，将一国范围内各级各类学习成果（教育文凭、职业资格等）进行系统整理、编制、规范和认可而构建的连续性、结构化的资历体系。①

2016年，《中华人民共和国国民经济和社会发展第十三个五年规划纲要》提出："制定国家资历框架，推进非学历教育学习成果、职业技能等级学分转换互认。发展老年教育。"彼时，"国家资历框架"首次进入政策话语，制定国家资历框架被视为推进教育现代化、加快学习型社会建设的举措之一，对提升人的发展能力有促进作用。

2019年，国家密集出台了《国家职业教育改革实施方案》《中国教育现代化2035》和《关于在院校实施"学历证书＋若干职业技能等级证书"制度试点方案》等文件，进一步明晰了国家资历框架的目标任务和实施要求。《国家职业教育改革实施方案》的印发表明国家资历框架在职业教育领域的落地和推进。该方案指出："健全国家职业教育制度框架，推进资历框架建设，探索实现学历证书和职业技能等级证书互通衔接。从2019年起，在有条件的地区和高校探索实施试点工作，制定符合国情的国家资历框架。"《中国教育现代化2035》提出，通过建立跨部门、跨行业的工作机制和专业化支持体系来推进国家资历框架。随后，教育部、国家发改委、财政部、市场监管总局联合发布

①王扬南.建立国家资历框架，加快推进现代职业教育体系建设［EB/OL］.（2019-5-8）［2022-1-26］.http://www.moe.gov.cn/jyb_xwfb/xw_zt/moe_357/jyzt_2019n/2019_zt11/zjjd/201905/t20190508_381178.html.

了《关于在院校实施"学历证书 + 若干职业技能等级证书"制度试点方案》，明确了组织分工、试点范围和进度安排，从基础条件、财政投入机制、师资队伍建设、信息化管理等方面提出了要求。

2021年，《关于推动现代职业教育高质量发展的意见》提出"制定国家资历框架，建设职业教育国家学分银行，实现各类学习成果的认证、积累和转换，加快构建服务全民终身学习的教育体系"。该文件将制定国家资历框架视为"强化职业教育类型特色"的目标任务之一，是促进不同类型教育横向融通的必要手段。

国家资历框架理念自2016年进入国家政策话语，经"十三五"期间政策的高位推动，尤其是职业教育"学分银行""1+X证书"制度标准的研制和落地，国家资历框架在职业教育层面完成了从理念到落实细化的阶段。国家资历框架制度的实施，将进一步改变"重学历轻技能、重知识轻技术"的倾向，成为"职普融通"立交桥的坚实垫脚石，为职业教育稳健发展增强吸引力，进一步巩固其主流地位。

（四）组织保障职业教育行稳致远

为了推进职业教育稳定持续发展，加强党对职业教育的领导，国家制定了国务院职业教育工作部际联席会议制度，由教育部、人力资源和社会保障部、发改委、工业和信息化部、财政部、农业农村部、国资委、税务总局、扶贫办等9个部门和单位组成。国务院职业教育工作部际联席会议制度是新时代职业教育制度创新的重大举措，有利于优化职业教育顶层设计，加强国家部委的横向沟通，释放多部门协调职业教育发展的活力，撬动各部门围绕职业教育发展核心任务，做好政策配套衔接，在战略规划、项目安排、经费投入、企业办学、人力资源开发等方面形成政策合力。为了保障职业教育的发展质量，我国政府在国家层面组建了职业教育指导咨询委员会，建立了职业教育质量评价和督导评估制度，将政府人员、职教专家、企业管理专家以及社会团队等方面人员吸纳进来，发挥了社会各界对职业教育发展的监督、指导、考核、评估作用，使职业教育作为一种公共事业得到了社会各个层面的支持和关注。

二、中国职业教育的市场需求

职业教育要成为"种子选手"，除了"主办方"为其制定充分而必要的比赛规则，还要看能否调动大众的积极性。一场比赛如果只有寥寥无几的观众和选手，注定无法成为吸引眼球的主赛事。换言之，职业教育的市场需求强弱和参与规模的寡众是判断职业教育能否成为"流量担当"的依据之一。

（一）职业教育占中国教育的"半壁江山"

"十三五"期间，全国共有职业院校 1.15 万所，在校生 2 857.18 万人；中职招生 600.37 万人，占高中阶段教育的 41.7%；高职（专科）招生 483.61 万人，占普通本专科的 52.9%。职业院校累计培养高等学历继续教育本专科毕业生 5 452 万人，开展社区教育培训约 3.2 亿人次。从职业教育的受众来看，职业教育与普通教育在规模上形成了 1:1 的局面，这还不包括通过职中、职后接受教育的间接受众。目前，我国已经建成了世界上规模最大的职业教育人才培养体系。

《职业教育法》的修订草案为职业教育新一轮大发展带动奠定了法律基础，《国家职业教育改革实施方案》给出了健全职业教育体系的施工图。可以说，职业教育的本科乃至更高层次试点是职业教育增强公众吸引力、优化层次结构、扩大发展规模的政策红利。"十三五"期间，教育部批准了 22 所职业院校开展本科层次职业教育试点，打破了职业教育止步于专科层次的"天花板"。截至 2021 年 5 月，全国有本科层次职业教育试点院校 32 所（表 1-3），覆盖全国 20 个省、市、自治区。

表 1-3　现有本科层次职业教育试点学校

序号	学校名称	省份	办学性质
1	泉州职业技术大学	福建	民办
2	重庆机电职业技术大学	重庆	民办
3	广东工商职业技术大学	广东	民办
4	广州科技职业技术大学	广东	民办
5	广西城市职业大学	广西	民办
6	广西农业职业技术大学	广西	公办

序号	学校名称	省份	办学性质
7	兰州环境资源职业技术大学	甘肃	民办
8	兰州石化职业技术大学	甘肃	公办
9	贵阳康养职业大学	贵州	公办
10	海南科技职业大学	海南	民办
11	河北工业职业技术大学	河北	公办
12	河北石油职业技术大学	河北	公办
13	河北科技工程职业技术大学	河北	公办
14	河南科技职业大学	河南	民办
15	湖南软件职业技术大学	湖南	民办
16	南京工业职业技术大学	江苏	公办
17	南昌职业大学	江西	民办
18	江西软件职业技术大学	江西	民办
19	景德镇艺术职业大学	江西	民办
20	辽宁理工职业大学	辽宁	民办
21	山东外国语职业技术大学	山东	民办
22	山东工程职业技术大学	山东	民办
23	山东外事职业大学	山东	民办
24	运城职业技术大学	山西	民办
25	山西工程科技职业大学	山西	公办
26	西安信息职业大学	陕西	民办
27	西安汽车职业大学	陕西	民办
28	上海中侨职业技术大学	上海	民办
29	成都艺术职业大学	四川	民办

序号	学校名称	省份	办学性质
30	新疆天山职业技术大学	新疆	民办
31	浙江广厦建设职业技术大学	浙江	民办
32	浙江药科职业大学	浙江	公办

2021年，教育部印发《本科层次职业学校设置标准（试行）》，在办学规模、专业设置、师资队伍、人才培养、科研与社会服务、基础设施等方面定下硬指标，为全国职业院校参加试点提供了标准体系。2022年，我国多地陆续出台"十四五"发展规划，支持部分高职院校强强联合，通过合并、转设等方式整合优质高职资源，推动一批高职院校升格为本科层次职业学校。可以说，中国职业教育"十四五"的开局，是在现代职业教育高质量发展的号角声中展开的。

（二）职业教育的公众参与度强

从社会环境来看，职业教育公众参与度的强弱主要受到三方面因素的影响：一是政府政策的牵引和导向；二是法律法规和社会观念的影响；三是对公众参与职业教育的平台的搭建和支持。这其中，起主导作用的无疑是政府。如上所述，政府从立法和政策配套、组织架构等层面为职业教育走向公众消除了障碍。从公众观念来看，对职业教育的认知程度，对职业技术的意义的认知和技能文化的认同，都决定着公众的职业教育参与热情；而公众对职业教育知识的掌握，对职业技术意义的认知和技能文化的认同，需要法律的强制、政策的牵引、公众在适宜平台上参与的实践。职业教育院校数量、在校生人数、培训规模、市场产值是职业教育公众吸引力的试金石。

在平台搭建方面，我国确立了产教融合试点城市、产教融合集团（联盟）、职业教育集团（联盟）、协同创新平台、工程技术研究中心、技能大赛、现代学徒制试点、"1+X证书"试点、国际合作等职业教育实践平台，吸引了社会各界深度参与。"十三五"期间，我国3万多家企业参与职业教育，组建了56个行业职业教育教学指导委员会；现代学徒制试点参与企业2 200多家；与70

多个国家和国际组织建立了稳定联系，400 余所高职院校与国外办学机构合作办学。

从职业教育的市场发展来看，职业教育将成为教育市场未来投资的重点。据德勤中国数据显示，在教育行业的投资领域中，职业教育与 STEAM 教育、教育信息化成为教育领域投融资热门的三大领域。在政策法规鼓励支持、产业升级调整、职场环境变化和科技应用推广等多种因素的推动下，中国职业教育近年来保持较快增长速度。预计未来三年，中国职业教育市场复合年增长率将达到 12% 左右，2023 年市场规模有望突破 9 000 亿元，接近万亿元产值，其中非学历职业教育将达到 4 600 亿元左右（图 1-1）。① 由此可见，我国职业教育除了赛道上的"选手"占据教育领域的半数规模，国家的各个平台上也不乏各行各业的身影。

图 1-1　中国职业教育市场规模（2013—2023 年）

三、中国职业教育的发展体系

职业教育体系是一个国家或地区各个层次、各种类型的职业教育与职业培训所构成的有机整体，是教育系统的一个子系统。② 职业教育经过长时间的探索，尤其是改革开放的推动，发展出较为健全的职业教育体系。德勤咨询公

① 德勤中国.新政重塑教育格局——中国教育发展报告 2021［EB/OL］.（2021-11-15）［2022-01-26］. https://www2.deloitte.com/cn/zh/pages/technology-media-and-telecommunications/articles/education-development-report-2021.html.

② 石伟平，匡瑛.中国教育改革 40 年：职业教育［M].北京：科学出版社，2018：66.

司指出："根据是否颁发学历证书，可以将中国职业教育体系分为学历职业教育、非学历职业教育两大板块——学历职业教育分为中等、高等职业教育两类，运营主体以公办院校为主、民办院校为辅；非学历职业教育属于行业需求的辅助教育，根据培训目的不同，可以分为企业管理培训、职业技能培训和职业考试培训三类，以民办机构为运营主体"[①]。

德勤的分类法对于厘清当前我国的职业教育体系建设具有参考意义，它将我国现行的职前学历职业教育和职中、职后非学历职业教育两种赛道进行了梳理，有利于研究者从全人发展、终身教育的角度来观照职业教育的建设性作用。但是德勤的分类法也存在若干问题：其学历职业教育的范围欠缺对职业教育发展的未来考量，对职业教育研究生层次的发展估算不足，对公办机构的非学历职业教育贡献不够重视。这些方面值得商榷。综合来看，职业教育赛道的健全，为公民在不同层次和阶段的发展与晋升提供了足够的空间，有力支撑了中国职业教育与终身教育的良性发展。

（一）学历职业教育

从培养层次来看，学历职业教育主要包括中等职业教育和高等职业教育两类。（1）中等职业教育是在高中教育阶段进行的职业教育，涵盖职业初中、中等专业学校（简称"中专"）、技工学校、职业高级中学（简称"职业高中"）、成人中等职业学校（简称"成人中专"）。中等职业教育的招生对象主要是初中毕业生和具有初中同等学力的人员，基本学制以三年制为主。（2）高等职业教育是我国职业教育体系中的高层次教育，涵盖专科层次职业教育、本科层次职业教育和研究生层次职业教育（专业学位研究生教育）。《国家职业改革实施方案》明确提出了"发展以职业需求为导向、以实践能力培养为重点、以产学研用结合为途径的专业学位研究生培养模式，加强专业学位硕士研究生培养"。这一表述为职业教育健全高层次应用型人才培养体系、实现更高层次的纵向贯通奠定了基础。

从管理结构来看，职业教育主要由教育系统和人社系统主管。教育部统筹

---

① 德勤中国．新政重塑教育格局——中国教育发展报告 2021［EB/OL］．（2021-11-15）［2022-01-26］．https://www2.deloitte.com/cn/zh/pages/technology-media-and-telecommunications/articles/education-development-report-2021.html.

推进中等职业学校、职业高中、高职（高专）院校、职教本科和专业学位研究生教育发展；人社部统筹推进普通技工学校、高级技工学校和技师学院发展。据教育部和人社部 2020 年统计公报显示，全国共有各类职业院校 11 374 所，招生 1 169.06 万人，在校生 3 123.1 万人，毕业生 861.56 万人。其中，技工院校 2 423 所，招生 160.1 万人，在校生 395.5 万人，毕业生 101.4 万人。从数据来看，学历职业教育主要集中在教育部所辖的教育系统，呈现中职控员、高职扩招、优质发展的趋势。

（二）非学历职业教育

非学历职业教育方面，按照培训对象，可以分为党政管理培训、企业经营管理培训、专业技术培训、职业技能培训四类；按照培训形式，可以划分为资格证书培训、岗位证书培训两类。非学历职业教育受众群体涵盖广泛，涵盖政府人员、教师、农村劳动者、进城务工人员、在校学生、老年人等。随着产业升级和经济转型带来的就业压力的增加、技术人才需求的旺盛，以及劳动者观念的变化导致个人提升需求增强，近年来非学历职业教培行业快速发展，职业资格考试报名人数显著增加，行业竞争加剧，细分赛道涌现头部市场参与者。

据 2020 年度人力资源和社会保障事业发展统计公报显示，在教育系统，全国有职业技术培训机构 87 540 所，开设教学班（点）641 483 个，注册学生数 32 297 862 人，培训时间超过 8 亿学时。在人社系统，全年共组织补贴性职业培训 2 700.5 万人次，以工代训 2 209.6 万人；参加职业技能鉴定和职业技能等级认定 1 195.8 万人次，取得职业资格证书或职业技能等级证书 962.6 万人次。[①] 非学历职业教育是我国覆盖层面最广、内容最丰富的教育类型，其中人社部系统占据主流，对技能人才的培养培训发挥了重要作用。

---

① 中华人民共和国人力资源和社会保障部. 2020 年度人力资源和社会保障事业发展统计公报 [EB/OL]. (2021-07-26) [2022-01-26]. http://www.mohrss.gov.cn/SYrlzyhshbzb/zwgk/szrs/tjgb/202107/t20210726_419319.html.

第二节　价值追问：中国职业教育的实践意义

职业教育是应用研究和实践领域的教育，职业教育的高等化和高等教育的职业化是中国教育现代化的最大变化。这为进一步印证了职业教育并非"独立王国"，亦非传统意义上的"象牙塔"，它和任何一种组织结构一样，是开放系统和封闭系统的集合。由职业院校及其责权利关系、话语体系组成的职业教育，与经济社会互动日趋紧密，它将各种互动的关键因素，如结构、个体、文化、政治、环境、产出，整合在一起形成有机组织。职业教育是开放的社会系统[①]，如果想生存发展，就必须面对诸如目标达成、整合以及潜在的问题等挑战。在社会系统模式中，职业教育的输入和产出两端意味着其要在资源的交互中，达成外部环境、社会和个体的目标期望（图 1-2）。绩效产出是目标达成的指标，包括就业率、雇主满意度、区域贡献度等指标。其目标的达成，可以称之为实践价值的实现。

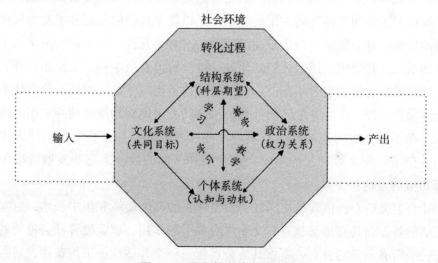

图 1-2　职业教育社会系统模式

---

① 对职业教育社会系统模型的理解是基于韦恩·K.霍伊和塞西尔·G.米斯克尔在《教育管理学：理论·研究·实践》中提出的社会系统模型。参见：霍伊，米斯克尔.教育管理学：理论·研究·实践（第 7 版）[M].范国睿，译.北京：教育科学出版社，2007.

职业教育的实践价值主要包括社会价值、经济价值和人本主义价值三个方面。职业教育的社会价值要求其发挥关键作用，解决诸如结构性就业矛盾方面的挑战，推动社会稳定发展。职业教育的经济价值要求其发挥促进作用，推动经济转型升级，破解产业的"高技能人才荒"难题。职业教育的人本主义要求其进一步解放人的生产力，促进人的全面发展，创造"人人皆可成才、人人尽展其才"的教育环境。如果说社会价值、经济价值是外在的，那么人本主义价值则倾向于内在，只是二者之间并没有天然的鸿沟。在社会价值、经济价值中，职业教育对劳动者职业道德的诉求，只有内化为劳动者的行为操守才有实践价值。

一、中国职业教育的社会价值

（一）社会价值内涵

社会价值（Social Value）是指个人及社会组织通过自身的自我实践活动发现、创造社会或他人物质或精神的发展规律及内在矛盾的贡献。在社会组织结构中，它表现为某个组织所具有的满足一定的社会群体共同需要的功能，是社会组织作为主体同客体之间发生的关系，是以整个社会的利益和需要为尺度来衡量的价值。社会价值有四个方面的特质：一是多元性，即不同的国家由于其历史传承、文化传统、国家体制的差异，社会价值有所不同；二是多核性，即一个国家的社会价值包含不同的内核，这些内核组成了该国的社会价值体系；三是阶段性，即一个国家地区的社会价值会随着人民对物质和精神文明的满足程度，在不同历史时期和社会发展阶段呈现阶段性；四是稳定性，即人类对自由、公平、正义等理念的追求在古今中外不同的社会形态和发展阶段中，均有相似的表达和理解。

社会主义核心价值观是中国社会价值体系的高度凝练和集中表达，它对社会发展的各方面具有道德教育和文明建设的引领作用。职业教育社会价值的核心是公平而有质量的教育，要求其为公民创造一个普适性的平均条件，对参与者的实践活动予以同等的支持。通过职业教育而掌握技术技能的公民，在社会上找到安身立命之所，实现安居乐业，继而推动社会的和谐稳定发展。

（二）职业教育的社会价值表现

（1）职业教育在构建"公平而有质量"的教育中彰显了其社会价值。职业教育与任何一种教育一样，无法从根本上消除人类因为多种差异而导致人类在自然或生理、精神或政治上的不平等。但是在人类追求文明的过程中，它赋予了自然人知识、技能、经验和道德等文明内核，进一步缩小了人与人之间发展水平的差距，减少了人类因诸多差异带来的不平等，从而在更广大的意义上有助于构建一个更加公平的社会。消除不平等、追求公平正义始终是党和国家的奋斗目标。该目标在党的百年奋斗历史经验、国家现代化发展的过程中呈现阶段性。从新民主主义革命、社会主义革命和建设、改革开放和社会主义现代化到新时代中国特色社会主义，是中国从积贫积弱的半封建半殖民地进入全面建成小康社会的建设过程。其中，职业教育始终伴随着该进程，发挥职业教育的促进作用：技工学校、中职学校、高职院校等层次的职业教育，是职业教育融入党和国家发展过程的教育形态，其培养的数以亿万计的技术技能人才是社会主义建设和发展的中坚力量，支撑起了矗立在神州大地上的"社会主义大厦"。

2017年10月18日，党的十九大报告——《决胜全面建成小康社会 夺取新时代中国特色社会主义伟大胜利》对我国当前的社会主要矛盾做出了新的判断，即"我国社会主要矛盾已经转化为人民日益增长的美好生活需要和不平衡不充分的发展之间的矛盾"。该重要论述指明了职业教育以促进公平、提高质量为核心的内涵式发展定位，体现了职业教育对新时代权利、民主、公平的呼应，并通过其后相继发布的系列政策，内化为职业教育自身的发展规律探索和价值理想追求。

"公平而有质量"是中国职业教育面对社会主要矛盾做出的时代回答。基于高质量和个体差异的职业教育公平是有质量的公平，确保每个青年学子的知识、技能、道德都得到充分、质量的发展。在我国疆域辽阔、人口众多的现实背景下，我国公平的职业教育离不开上规模的职业院校。1985年，我国职业院校8 070所，在校生229.6万人。党的十八大以来，我国职业教育在院校规模和在校生人数上，都发生了巨大的量变。2017年，我国共有职业院校1.23万所，在校生2 680.21万人，中职、高职教育分别占中国高中阶段教育和高等教育的"半壁江山"。[①] 我国政府通过多种举措推动职业教育事业均衡发展，取得了显著成效。

实现职业教育从基本均衡走向优质均衡，提升质量是关键。改革开放以来，尤其是近十多年来，我国相继出台了"国家示范性高等职业院校建设计划""高等职业教育创新发展行动计划""中国特色高水平高职学校和专业建设计划"，确立了一批国家级"示范校""骨干校""优质校"和"双高校"，带动了全国各地职业教育的高质量发展。进入中国特色社会主义新时代，我国政府把职业教育摆在优先发展教育战略中更加突出的位置，出台了《国家职业教育改革实施方案》《关于推动现代职业教育高质量发展的意见》等文件，明确了职业教育是国民教育体系和人力资源开发的重要组成部分，其肩负着培养多样化人才、传承技术技能、促进就业创业的重要职责。我国从国家层面要求各级党委和政府把推动现代职业教育高质量发展摆在更加突出的位置，更好地支持和帮助职业教育发展，表明中国职业教育从"规模发展"走上了"质量发展"的道路，在优质均衡发展上提出了更高远的目标要求。

（2）职业教育在适应产业需求、推动社会发展中彰显了其社会价值。科学技术是社会发展的根本动力，它推动生产力内部各要素的变革，引发产业结构的调整、经济形势的变化和经济增长方式的转变。勒恩克指出："技术不仅包括机器、工具以及其他技术产品，技术过程、技术操作和技术程序越来越重要，这一重要性正在迅速增长。"[②] 人力资源是推动技术变革和产业化的主导力量。在现代经济社会中，技术进步提高了对高技能劳动力的需求。培养能适应技术进步、掌握熟练技能、具有较强综合素质的产业工人成为职业技能教育和培训体系中人才培养的内核。

以德国为例，德国双元制是以职业教育为特色的劳动力培训体系，长于培养适应新技术和新工艺的制造业技术工人，被誉为德国战后经济发展的秘密武器和"德国制造"的基石。德国双元制脱胎于德国应对经济结构调整，提振制

---

① 王继平. 职业教育国家教学标准体系建设有关情况 [EB/OL]. （2018-08-30）[2022-01-26]. http://www.moe.gov.cn/jyb_xwfb/xw_fbh/moe_2069/xwfbh_2017n/xwfb_20170830/sfcl_20170830/201708/t20170830_312706.html.

② Lenk H. Advance in the Philosophy of Technology: New Structural Characteristics of Technologies[J]. *Society for Philosophy & Technology*, 1998, 4（1）: 1-3.

造业的社会背景。20 世纪 70 年代，资本集中、高度复杂的制造业体系越来越依赖理论扎实、技术过硬而且富有创造力的技术工人，在这个背景下产生的"双元制"适应了德国经济社会转型对高素质劳动者的供给需求，为德国高质量的产品以及德国持久的国际竞争力提供了可靠的人才支撑。实践经验证明，经济发展对职业技术技能人才的需求，是职业教育制度化和法制化的动力。通过立法手段，德国从顶层设计层面解决了职业教育发展的法律问题。

20 世纪以来，德国的职业教育法经历了三轮重大修订，均反映了德国职业教育主动应对和适应经济社会的新挑战和新需求，持续修订职业教育法以求新变的动态过程。第一轮修订是 1969—1981 年。1969 年和 1981 年德国分别出台了《联邦职业教育法》和《联邦职业教育促进法》，前者对"双元制"作为德国的主要职业教育模式予以正式确认，后者是前者的配套法。第二轮修订是1981—2005 年。进入 21 世纪，经济全球化导致了各国经济结构性变革和经济发展方式的转变。为提高国家竞争力，包括德国在内的西方国家积极发挥职业教育的作用。同时，为了在推动职业教育法制化的道路上走得更快更远，其缩短了旧法规修订的间隔时间，持续健全完善了配套细则。2005 年 4 月 1 日，德国基于《联邦职业教育法》（1969）和《联邦职业教育促进法》（1981），对两部法律进行了合并修订，在 21 世纪的第一个五年颁布并实施了新的《联邦职业教育法》，成为德国应对新世纪挑战、进一步大力发展职业教育的基本纲领。[①] 第三轮修订是 2005—2020 年。在接下来的 15 年里，德国在人口结构、技术发展、教育需求、职业教育吸引力等方面迎来了新的挑战，由此引发了最近一轮对《职业教育法》的修订。2020 年 1 月 1 日，新版修订的德国《职业教育法》正式生效，旨在适应德国经济、社会发展的深刻变化，推进职业教育现代化并进一步加强职业教育体系建设，为德国适应新一轮技术革命占领战略制高点，进而从人才培养方面奠定基础。可以预见的是，德国在面临经济社会和技术革命的新挑战面前，将会不断健全、完善法规制度，增强职业教育的适应性和吸引力，不断提升职业教育的社会价值。

（3）职业教育在解决就业、扶贫济困中彰显了其社会价值。贫富分化是人类社会长久以来的一种状态。如何缩短贫富差距，构建一个更加公平正义的

---

① 姜大源.德国联邦职业教育法译者序 [J].中国职业技术教育.2012（10）：71.

社会，是古今中外的社会难题。在中国，职业教育是培养产业所需技术技能人才的教育，能帮助贫困地区脱贫致富，带动欠发达地区的经济发展。中国是人口众多、疆域辽阔、民族多元的国家，面临着区域发展不平衡、不充分的客观现实。为此，中国职业教育还肩负着减贫、扶贫的使命，这是它与欧美各国在政府责任上的一大显著区别。中国政府把职业教育作为解放人的生产力，赋能个体发展的重要渠道，通过政府政策调控和经费投入，促使职业教育在招生、就业等方面实施兜底行动、劳务协作、区域合作，其本质是政府以人为本治理方式的不断推进，体现了职业教育政府责任的在场。改革开放以来，中国职业教育的发展历程表明，职业教育至少在以下三个方面对减贫、扶贫做出了卓越贡献：①职业教育给转移到城市的农村富余劳动力提供了职业教育和技能培训的机会，使他们拥有一技之长，提升了其劳动价值和就业创业能力，进而帮助其增加收入，加速了他们融入城市和"城乡转移"的进程。②职业教育能有效解决了"技工荒"，即解决了产业因缺少高级技术人才形成的发展瓶颈，促进了产业结构优化升级。③职业教育能够让多数来自农村和城市里面低收入家庭的子女有上学的机会，通过职业教育也扩大了他们就业以及自主创业的门路，可使一个家庭脱贫致富，缩小贫富差距。因此，在 2019 年 10 月 16 日举行的职业教育助力脱贫攻坚座谈会上，教育部职业技术教育中心研究所所长王扬南说："职业教育教育扶贫的排头兵，是见效最快、成效最显著的扶贫方式。"据统计，全国职业教育年均毕业生近 1 000 万人，91% 的高等职业院校毕业生是其家庭的第一代大学生，70% 的毕业生在当地就业，为贫困地区产业发展提供了有力的人才支撑。全国绝大多数职业院校均面向贫困人群免费开展了技术咨询与服务，帮扶大批贫困人群提升生产经营能力，实现了稳定脱贫。[①]《国家职业教育改革实施方案》要求，"加强省级统筹，建好办好一批县域职教中心，重点支持集中连片特困地区每个地（市、州、盟）原则上至少建设一所符合当地经济社会发展和技术技能人才培养需要的中等职业学校"[②]，"加大对民族地区、贫困地区和残疾人职业教育的政策、金融支持力度，落实职业教育东西

① 余克泉．精准扶贫，职业教育大有可为［EB/OL］．（2018-11-22）［2022-01-26］. https://epaper.gmw.cn/gmrb/html/2018-11/22/nw.D110000gmrb_20181122_1-14.htm.

② 国务院．国家职业教育改革实施方案［EB/OL］．（2019-02-23）［2022-01-26］. http://www.gov.cn/zhengce/content/2019-02/13/content_5365341.htm.

协作行动计划，办好内地少数民族中职班"[①]。体现了我国将职业教育作为扶贫济困重要手段的国家意志，有助于贫困群体跳出贫困代际传递的怪圈，提升广大人民群众的生活水平，实现社会公平的目标。

职业教育被国际经验证明，它在解决就业问题上同样成效明显。比如，英国学徒制是解决英国失业问题的重要手段，其处于技能开发战略的核心地位。研究表明，雇主和雇员都能在英国学徒制项目中获益。它为 91% 的青年学徒带来了职业生涯利益。一是提高了学徒的赢利能力：超过 3/4 的学徒认为如果没有接受学徒制培训，他们将不能享受目前的工资待遇。二是引发了学徒继续学习的愿望：超过 2/3 的学徒希望继续学习。雇主也在其中获利，包括节省招募成本；技能需求得到满足；获得了对企业更加忠诚、更可能在公司长久工作、并且具有企业价值观的员工；为企业带来了新理念；为未来发展提供了选择技术人员的更大空间；更高的生产率、更高质量的工作。相关统计数据表明，在英国，学徒能够比处在同一位置的非学徒员工多创造出 1 300 英镑的净利润，学徒生产率比非学徒生产率高出 7.5%；就执行工作任务的准确率而言，学徒可高达 85%，而非学徒仅有 60%。[②] 学徒制是英国职业教育的特色创新，它在满足企业用人需求的同时，也提升了雇员的待遇，是被当地政府认为行之有效的教育方式。

二、中国职业教育的经济价值

马克思在《1857—1858 年政治经济学手稿》等文章中论述教育是现代工业生产的必要条件时，确认了教育具有经济价值这一事实。马克思认为，从整个社会来看，较高的劳动能力为社会提供的经济贡献，概括为在各种生产和服务工作中对社会劳动的节约。教育对经济增长的促进作用，正是在于通过节约社会劳动，从而增加社会物质财富。[③] 职业教育与劳动力市场联系最为紧密，除了其培养人才是社会劳动本身以外，其培养的人才距离生产、服务、管理等社会劳动距离最近，其对经济增长的促进作用也最为直接。

① 国务院. 国家职业教育改革实施方案 [EB/OL]. （2019-02-23）[2022-01-26].http://www.gov.cn/zhengce/content/2019-02/13/content_5365341.htm.

② 姜大源. 当代世界职业教育发展趋势研究 [M]. 北京：电子工业出版社，2012：280.

③ 牛征. 学习马克思教育经济价值理论推动中国职业教育发展 [J]. 职教论坛，2011（22）：4-8.

英国古典经济学家亚当·斯密在《国富论》中将人的经验、知识以及能力视为国家经济发展的关键环节与生产要素。他发现，资本主义分工使大多数劳动贫民局限于少数极单纯的操作，牺牲了其他方面职能的发展，变成愚钝无知的人。为了防止大多数劳动者智力愚钝和畸形发展，应该重视教育。亚当·斯密的发现揭示了教育，尤其是职业教育与经济价值之间的关系，由此衍生出的"人力资源"概念被纳入教育的产品范畴，促使职业教育作为一种公共政策，发展出与现代社会经济唇齿相依的价值关系。从国际经验来看，世界各国的职业教育及培训体系与其经济发展、技术变革、产业发展相向而行，在此实践中孕育出的德国双元制、英国学徒制、北美社区学院、日本企业大学、中国现代学徒制等职业教育模式，则是职业教育在服务经济发展中经检验有效的经验做法。

（一）经济价值内涵

经济价值指任何事物对人和社会在经济上的意义。经济学上所说的"商品价值"及其规律则是实现经济价值的现实必然形式。经济价值分为直接经济价值和间接经济价值。直接经济价值就是可以直接得到的社会经济效益的货币表现形式；间接经济价值就是由此引起的或衍生出来的社会经济效益的货币表现形式。现阶段的职业教育经济价值具有经济性、政策性特征。

经济性指职业教育作为市场经济的配置要素，蕴含丰富的经济发展潜力，能赋能市场经济发展。据德勤在《新政重塑教育格局——中国教育发展报告2021》中指出，根据其对2013年以来的中国职业教育市场规模测算，未来三年（2021-2023年），中国职业教育市场的增速将达到12%左右，2023年其市场规模有望突破9 000亿元，接近万亿元市值。当下，受到国内"双循环"发展战略的推动，经济恢复推动发展质量效益稳步提高，职业教育政策红利将在职业教育和培训市场得到进一步释放，尤其在新一代信息技术产业、智能终端制造、航空航天等制造业十大重点领域内，高技能人才培养和新基建、新技术培训的需求将会不断涌现。

政策性指中国职业教育在发挥经济效能过程中，除了受到经济规律影响，政策调控也是其重要影响因素。政府通过立法对职业教育予以法定地位，在财经、教育、文化等层面出台配套制度，鼓励和扶持职业教育发展，为全社会参与职业教育的人员构建平台、提供保障，由此使职业教育在社会生产、管理和服务等经济领域发挥作用，促进工业、农业、运输业、贸易业、服务业等产业发展。2019 年 1 月国务院印发《国家职业教育改革实施方案》以来，国家相关部门陆续出台多份政策文件，明确了职业教育促进经济社会发展的任务。2021年 10 月 12 日，中共中央办公厅、国务院办公厅印发的《关于推动现代职业教育高质量发展的意见》更为旗帜鲜明地提出："到 2025 年，职业教育类型特色更加鲜明，现代职业教育体系基本建成，技能型社会建设全面推进……到2035 年，职业教育供给与经济社会发展需求高度匹配，在全面建成社会主义现代化国家中的作用显著增强。"这一文件等同于现代职业教育发展施工图，明确了职业教育现代化进程中的服务贡献点。

（二）职业教育的经济价值表现

1. 提高人力资源配置效率，助推产业结构现代化

产业结构现代化要求人力资源配置的提升和优化。1978 年以来，中国的生产要素资源，尤其是资本要素保持了近 19% 的高速增长，而人力资源的增长速度远远低于资本的增速，年均增长约为 2%。人力资源配置效率过低的主要原因在于，人力资本结构与产业结构现代化需求不匹配，人力资源要素推动产业升级能力持续下降。[①] 提升人力资本要素配置效率的关键在于提升人力资源的创新能力，要求在改善人才培养结构、更新知识体系、加强技能训练、适应市场需求等方面提升人力资源要素的创造价值能力，从而优化配置效率，加快产业结构现代化发展进程。

中国职业教育人才培养的目标和策略适应了国家的现代化进程及其对人力资源的需求。中国职业教育包括技工学校、职业高中、职业中专、高等职业学校，层次丰富的职业教育在人才内核上具有趋同性，这种趋同性反映在中国政府在不同发展阶段出台的职业教育政策中（表 1-4），始终坚持技术技能人才培养的定位，紧紧扣住"高素质""高技能""技术技能"的关键词。教育部原副部长、中国职业技术教育学会会长鲁昕指出："党的十八大以来，职业教育重点加强智能制造业、精准服务业和现代农业领域重要职业和关键岗

---

① 孟辉，白雪洁. 提升人力资源配置效率 助推产业结构现代化［EB/OL］.（2019-04-23）[2022-01-26]. http://www.cssn.cn/zx/bwyc/201904/t20190423_4867934.shtml.

位技术技能人才培养，为高铁装备制造、新能源汽车、人工智能、数字经济、现代物流业等领域培养了数以亿计的技术技能人才，为我国新经济、新技术、新业态提供了强有力的人力资源支撑。"[①]

表 1-4 "十五"以来国家历次发布的重大职业教育政策

时间	政策文件	人才培养定位表述
2002 年 8 月 24 日	《国务院关于大力推进职业教育改革与发展的决定》	培养一大批生产、服务第一线的高素质劳动者和实用人才
2005 年 10 月 28 日	《国务院关于大力发展职业教育的决定》	培养数以亿计的高素质劳动者和数以千万计的高技能专门人才
2010 年 7 月 29 日	《国家中长期教育改革和发展规划纲要（2010—2020 年）》	培养高素质劳动者和技能型人才
2014 年 6 月 22 日	《国务院关于加快发展现代职业教育的决定》	培养数以亿计的高素质劳动者和技术技能人才
2019 年 1 月 24 日	《国家职业教育改革实施方案》	培养高素质劳动者和技术技能人才
2021 年 10 月 12 日	《关于推动现代职业教育高质量发展的意见》	培养更多高素质技术技能人才、能工巧匠、大国工匠

现代职业教育被定义为一种教育类型，其目的是为了适应中国新形势、新发展的趋势，培养更多高素质技术技能人才、能工巧匠和大国工匠。从宏观经济学的角度，发展职业教育之宗旨，显然在提升劳动者的从业技能和素质的同时，进一步提高经济社会效益。由此形成职业教育与普通教育错峰发展、错位竞争、相互补充的局面。如果说普通高等教育致力培养能够紧跟甚至引领国际前沿水平的高端人才，倾向于"研究型"；那么，职业教育则致力培养能够支撑社会发展和产业升级的高素质技术技能人才，其人才内核被"工匠精神"和"职业精神"所涵养，倾向于"应用型"，而后者是现代产业发展的坚实基础。

[①] 鲁昕. 高质量发展现代职业教育为强国建设提供坚实人才支撑 [N]. 人民政协报，2020-12-09（09）.

"十三五"期间，全国职业院校平均每年约有700万[①]名毕业生进入劳动力市场（表1-5），如果包括技工学校、职工培训学校等形式的培养模式，年均进入劳动力市场的毕业生规模达到千万，专业覆盖所有产业门类。在现代制造业、现代服务业和战略性新兴产业等领域，新增一线就业人口中的70%以上来自职业院校，职业院校已成为我国产业结构现代化的人力资本重要来源。

表1-5　2016—2020年全国中职、高职毕业生数

单位：万人

年份	2016 年	2017 年	2018 年	2019 年	2020 年
中职毕业生数	440.56	406.40	396.98	395.04	383.46
高职（高专）毕业生数	257.86	280.25	300.38	301.60	316.93
合计	698.42	686.65	697.36	696.64	700.39

2. 提高劳动生产率

马克思在《资本论》中指出，教育能生产劳动能力。要改变一般人的本性，使他获得一定劳动部门的技能和技巧，成为发达的、专门的劳动力，就要有一定的教育或训练。职业教育就是提供这种教育和训练的专门活动。职业教育提高劳动生产率有三个方面的意义。

首先，职业教育本身具有劳动生产性，职业教育培养规模和质量越高，职业教育的劳动生产率越高。马克思从生产劳动的资本增值本质分析教育劳动的生产性对职业教育具有指导意义。马克思指出："有一些服务是训练、保持劳动能力，使劳动能力改变形态的。总之，是使劳动能力具有专门性，或者仅仅使劳动能力保持下去的……提供劳动能力本身来代替自己的服务，这些服务应加入劳动能力的生产费用或再生产费用。"[②]也就是说，职业教育能够生产人的

---

① 数据来源：中华人民共和国教育统计数据，高职毕业生和中职毕业生人数不包括成人本专科毕业生数。

② 中共中央马克思恩格斯列宁斯大林著作编译局.马克思恩格斯全集 第26卷 [M].北京：人民出版社，1979：159.

劳动能力，这种劳动能力让劳动者在生产劳动中创造物质产品，因此职业教育劳动本身是生产性，其成效和质量决定了它对劳动生产率的促进作用。在现代社会中，职业教育与经济的关系表现为财政对教育的投入与绩效评估。教育行政主管部门通过设置记分卡、学生反馈表、资源表、国际影响表、服务贡献表，从国家、省、校和企业层面，系统收集职业院校的年度发展数据，在国家层面通过质量年报的方式进行社会公开化，从而动态掌握职业教育的办学效益和发展质量。职业教育评估和年度报告是对职业教育产出指标的体系化，其实质是将职业教育纳入生产劳动范畴，对其生产率进行绩效衡量，测量职业教育的经济社会价值实现水平。

其次，职业教育通过赋能劳动者而提高劳动生产率，在物质财富上"开源节流"。"开源"发生在物质生产部门，通过劳动技能的熟练和提升，提高劳动者的劳动生产率，继而创造更多的物质财富，并直接作用于经济增长；"节流"发生在非物质生产部门，职业教育成果的经济效用，表现为节约经济成本和社会资源，对物质财富的增加具有间接作用。职业教育能够使科学技术与社会生产相结合，实现生产力的扩大再生产。马克思指出，生产力包括科学。"固定资本的发展表明，一般社会知识已经在多么大程度上变成了直接的生产力，从而社会生活过程的条件本身在多么大程度上受到一般智力的控制并按照这种智力得到改造。"[1] 此处的"一般社会知识""一般智力"包含了掌握科学技术和技能的劳动者，以及经过职业教育或者其他教育培训方式掌握了某项劳动技能的专门人才，他们具有再生产出新生劳动力和再生产出新的物质产品的知识和能力。

再次，伴随着经济增长方式的变化，职业教育在适应性发展中提高劳动生产率。从柯布－道格拉斯生产函数[2]来看，提高全要素生产率，就可以实现整个函数的上移（图1–3），而职业教育是提高全要素生产率的必要条件。

① 中共中央马克思恩格斯列宁斯大林著作编译局.马克思恩格斯全集，第46卷（下）[M].北京：人民出版社，1965：219–220.
② 柯布道格拉斯生产函数 $Y = AK^{\alpha}L^{1-\alpha}$.式中，$Y$ 为经济总产出，K 为资本投入，L 为人力资本，α 为要素份额，A 为全要素生产率（总体生产率／技术进步）。

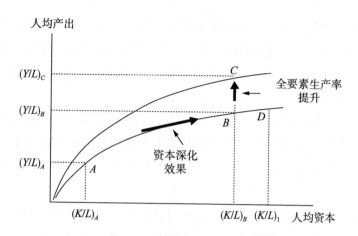

图1-3　柯布－道格拉斯生产函数模型

当前，我国由人口红利、投资驱动向创新驱动发展转变，这种转变是由技术进步推动下产品科技含量不断提高、社会生产方式及其组织形式发生转变带来的。创新驱动发展下，高科技、高技术的国家和产业竞争力，要求高素质的劳动力。提升劳动生产率的基础是劳动者素质的提升，这样才能在人口红利消失、数量优势衰竭的情况下，以劳动者素质替代数量。

3. 职业教育促进科技进步

职业教育是社会发展的产物。1996年，《中华人民共和国职业教育法》指出，职业教育是国家教育事业的重要组成部分，是促进经济、社会发展和劳动就业的重要途径。发展职业教育，提高劳动者素质，培养适应社会发展所需要的高质量的专门人才和大批熟练劳动者，是促进科技进步的主要手段。职业教育对科学技术发展的促进作用主要表现在两个方面：一方面，职业教育承担着一些科学技术研究和开发活动，这主要以高等职业教育为主，直接进行科学技术的"生产"，为社会提供有价值的科学技术成果；另一方面，也是最主要的，是通过培养各种技术人才和熟练劳动者，从而保证科学技术"生产"部门的"再生产"得以有效进行。

当前我国经济技术发展迅猛，新一代信息技术、人工智能、大数据、生物科技等新兴技术和产业不断涌现并深刻影响经济社会的发展，新科技革命和产业革命成果也不断冲击原有知识体系与结构，改变和强化了劳动力素养。职业教育从供给侧出发，主动迎接科学技术发展对教育形态和内容的冲击，开展新工科、新文科建设，融入新兴产业相关技术培训，以应对人工智能等对人力的替代效应，保障专业型技术技能人才在市场中的有效需求。与此同时，积极构建适应产业数字化的职业教育集群发展模式，加强数字资源的应用和开发，充分发挥网络技术在知识体系更新中的作用，形成去"中心化"的新型专业群发展思路，加快了知识体系的更新步伐，缩小了区域间教育发展质量的差距，确保了区域人力资源配置效率的整体提升，为当地产业结构现代化注入了强大的推动力。当代智能科技的发展将使劳动力结构向非体力的智能化演变的趋势进一步加强，脑力劳动的主导作用将进一步明显。

职业教育的科学技术的促进主要通过技术技能的应用和传播路径来实现。职业教育对技术技能加工改造，使之成为教育和培训层面上可复制、教化的教学资源。这种转化是一种高效的、扩大的劳动力再生产活动，通过职业教育的组织形式和教学方法使原来为少数人掌握的技术技能为更多的人掌握。职业教育正是通过技术技能的传播将科学技术这种一般的、潜在的生产力转化为现实的生产力，从而推动新的创造和新的技术出现。

三、中国职业教育的人本价值

（三）人本主义价值内涵

人本主义（Humanism）的核心是"以人为本"，它是一种基于人性的信仰和价值体系，是有关人的本性、人的发展、人的幸福以及人的未来的一种探索。人本主义思想产生于古希腊时期，古希腊思想家普罗泰戈拉提出的"人是万物的尺度"为人本主义之先声。马克思在继承和批判前人的基础上，以历史唯物主义为基础，创立了马克思人本主义，它科学揭示了人之本质及其在社会发展中的历史地位。[1]

从教育角度来观察，人本主义的教育思想本质是以人为本的教育观。罗纳德·巴尼特在《高等教育理念》中指出，高等教育最重要的理念是以自由教育形态呈现的"解放"理念。巴尼特的"解放"包含12个方面：追求真理与客观知识、科学研究、自由教育、院校自治、学术自由、中立而开放的争鸣、理性、发展学生的辨析能力、促进学生自治、塑造学生个性、在社会内部提供批

---

[1] 邹瑄. 马克思人本思想及其当代价值探析 [J]. 牡丹江大学学报，2009（11）：28-30.

判中心、保存社会的学术文化。他指出："高等教育理念蕴含着解放成分。长远看来，高等教育理念不仅保证思想自由，而且把发掘每个学生的自我潜能提升到一个新的水准。"① 罗纳德·巴内特对高等教育理念的定义同样适用于职业教育的高等教育领域。经典马克思主义理论认为，经济基础决定上层建筑。通过职业教育改变受劳动者的经济基础，由此形成了与"知识改变命运"平行的话语逻辑——"技能改变命运"。这种逻辑在职业教育领域可以概括为——"人人皆可成才、人人尽展其才"。

2014 年，习近平总书记就加快职业教育发展作出重要指示。他强调："职业教育是国民教育体系和人力资源开发的重要组成部分，是广大青年打开通往成功成才大门的重要途径，肩负着培养多样化人才、传承技术技能、促进就业创业的重要职责，必须高度重视、加快发展"②。职业教育作为一种公共产品，在中国正被定义为一种教育类型，它一方面要满足社会经济发展对人才能力、结构和层次培养的需求，另一方面蕴含着公民个体的潜能开发、技能训练、才智和想象力发展以及伦理、道德和社会责任感的实现。综上，职业教育在促进人的自由而全面发展和满足人的价值需求和自我实现中贡献了力量。

（二）职业教育的人本主义价值表现

1. 促进人的自由而全面发展

人的解放本质是人的全面发展，职业教育的本质就是赋予人以发展的经验、知识、道德和能力。我国教育领域中人的全面发展包括"德智体美劳"五个方面，涵盖所有教育类型及其层次的要求。从理论和实践相互联系的层面上，职业教育促进人的全面发展可以概括为"德技并重"。职业教育是"德技并重""知行合一"的教育，是"通变"的"事业"，目标是培养德才兼备、德技并修的高素质技术技能人才。其中，"德"的内涵与我国教育目标"立德树人"中的"德"一致，它包括政治、道德、法律三个层面，在精神文化层面形成与社会主义核心价值观、国家公序良俗相融的理想信念、道德品质和法治素养。

---

① [英] 巴内特. 高等教育理念 [M]. 蓝劲松，译. 北京：高等教育出版社，2006.
② 佚名. 习近平总书记谈职业教育：人人皆可成才、人人尽展其才 [EB/OL]. (2017-10-16) [2022-01-26] http://www.moe.gov.cn/jyb_xwfb/xw_zt/moe_357/jyzt_2017nztzl/2017_zt11/17zt11_xjpjysx/201710/t20171016_316450.html.

近年来，我国职业教育大力开展"三全育人""课程思政"改革，其目的便是使职业教育成为劳动者的"良心培养皿"，使当前及未来的劳动者在劳动的试验场上坚守"人道"观念，促使劳动者脱离机械性和功利性劳动，走向一种能被实践检验，能被道德评估，甚至否定的批判性思考中来，使知识和技能不成为人"异化"的工具，而成为人解放自我、主宰自我、走向自由的帮手。《易经·系辞》中写道："形而上者谓之道，形而下者谓之器，化而裁之谓之变，推而行之谓之通，举而措之天下之民谓之事业。"如果说"德"与"道"相通，那么职业教育更类似于促使抽象的道德教化和具体技术层面交感化育、变化推广的"通变事业"。在技术层面上，它通过产教融合、校企合作，借助必要的教学工具，使无形的道德、知识能被劳动者掌握，上升为职业技术和劳动技能，变成生活和生产中的具体实践。

为了促使未来的劳动者能有效掌握劳动技能，《国家职业教育改革实施方案》对实践性教学课时、顶岗实习时间、"双师型"教师数量做出了量化规定；在职业院校、应用型本科高校启动"学历证书＋若干职业技能等级证书"（1+X）制度试点，明确要求夯实学生可持续发展基础，鼓励职业院校学生在获得学历证书的同时，积极取得多类职业技能等级证书，拓展就业创业本领；组建国家职业教育指导咨询委员会，对全国职业院校、普通高校、校企合作企业、培训评价组织的教育管理、教学质量、办学方式模式、师资培养、学生职业技能提升等情况，进行指导、考核、评估等，努力实现职业技能和职业精神培养高度融合。

在国际领域，职业教育被视为劳动者技能开发的重要策略，各国普遍把技能人才的有效培养和利用作为职业教育发展战略的重点，以求适应社会变革对劳动者技能动态发展的需求。澳大利亚《2004—2010 年职业教育与培训的国家战略》涵盖 12 个方面的具体实施策略，其中第一项就是"技能开发"。[①] 在"提高参与水平，改进业绩，尤其是对现在的工人而言"的策略中指出"成人通过终身学习来不断提高技能，以满足目前和未来的工作要求"。技能开发在国际社会表现为个体生涯发展的动态性要求，指明了职业教育在人创新创业、成才

---

① 刘美霞.澳大利亚 2004—2010 年职业教育和培训的国家战略 [J].世界教育信息，2004（6）：22-23.

成长中持续扮演的角色。在英国，政府将开发和提高劳动者的技能作为促进人的全面发展、继而为国家提供可持续发展的动力源泉。2009 年，英国政府相继发布的《学徒制、技能、儿童与学习法案》《实现 2020 目标：技能、工作和经济增长》和《为了发展的技能：国家技能战略》等重要文件；2010 年颁布的《为可持续发展而提高技能》和《为可持续发展而对技能投入》，均将提高劳动者的技能、促进人的发展放在极其重要的位置。欧盟在《布鲁日公报》中也提出，确保初始职业教育与培训机构能够同时为人们提供特定的职业能力和广泛的关键能力，以使他们能够进一步接受继续教育与培训，同时有利于其生涯选择，向劳动力市场过渡。在美国，美国生涯和技术教育协会 2010 年发布《什么是生涯准备》研究报告指出，成功的职业生涯需要具备三方面的技能：核心学术技能以及把这些技能应用到具体情境中的能力；对任何生涯领域都非常重要的就业技能，如批判性思维和强烈的责任心等；与特定生涯路径相关的技术技能或特定工作需要的技能。[①] 以上普遍反映出国际社会对劳动者劳动技能的重视，其劳动技能的要求虽因各国发展水平不同而有所差异，在具体的产业领域、年龄层次、职业阶段等方面也有不同的要求，但是对职业道德、职业技能和学习能力的要求，始终是技能战略和个人发展的核心。

虽然国际社会乃至我国的劳动者技能开发战略有功利主义的倾向，都摆脱不了服务于政府当局，服务于社会的需要，但是从人的社会性来看，个人发展需求和主体价值的实现总是深刻地嵌镶在社会之中。人的物质和精神财富之增长、受尊重之社会地位等"世俗"的获得感和满足感，只有在国家和社会的广阔天地中，才能找到合适的栖身之所。那些造就我们理解自身和世界的知识、技能、素养、经验、观念则是"人诗意地栖居与大地上"的"尺规"。

2. 满足人的价值需求和自我实现

职业教育满足了人在不同阶段中的价值需求和自我实现。1943 年，人本主义心理学家亚伯拉罕·马斯洛在《人类激励理论》论文中提出了"基本需求层次理论"，又被称为"马斯洛需求层次理论"（Maslow's Hierarchy Needs）。马斯洛将人的需求由低至高划分为五个层次，分别是生理需求、安

[①] 宁锐、刘宏杰.近年来国际职业教育发展战略动态［EB/OL］.（2012-04-16）[2022-01-26]. http://www.civte.edu.cn/yjs/yjjcg/201204/43efc92e1dd14d93a29919de25b99e54.shtml.

全需求、情感和归属需求、尊重需求和自我实现需求，构成了马斯洛的需求层次理论模型（图1-4）。

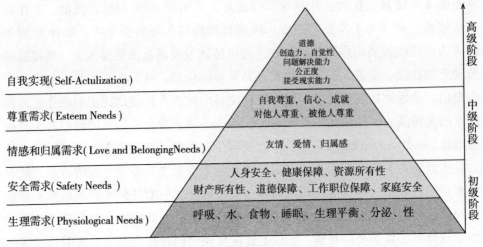

自我实现(Self-Actulization)	道德 创造力、自觉性 问题解决能力 公正度 接受现实能力	高级阶段
尊重需求(Esteem Needs)	自我尊重，信心、成就 对他人尊重、被他人尊重	中级阶段
情感和归属需求(Love and BelongingNeeds)	友情、爱情、归属感	
安全需求(Safety Needs)	人身安全、健康保障、资源所有性 财产所有性、道德保障、工作职位保障、家庭安全	初级阶段
生理需求(Physiological Needs)	呼吸、水、食物、睡眠、生理平衡、分泌、性	

图1-4　马斯洛需求层次理论模型

"马斯洛需求层次理论"经1954年和1970年的发展，由五阶段拓展为八阶段，但是理论模型的阶段性并无较大改变，只是在"尊重需求"之上进一步细分了需求内容，增加了认知需求、审美需求和超越需求。职业教育是贯穿人的终身学习的教育，它对个人主体价值的实现过程符合马斯洛需求层次理论。职业教育对个人主体价值的实现主要体现于生存、归属和成长三个阶段，其中生存是根基，为温饱阶段；归属是进步，为小康阶段；成长是追求，为富裕阶段。

（1）初级阶段。职业教育在初级阶段通过赋能人以发展的知识和技能，为劳动者创造就业机会，从物质和精神上保障人的生存发展，满足劳动者的生理和安全需求。学生或学徒在职业生涯的初级阶段，通过学校教育和职前教育，依托工学结合、顶岗实习等方式，完成规定的学习任务，对工作职业生涯有了基本的规划。学生在校期间依托国家有关制度，考取了相应的职业资格证书，具备了相应的从业知识和技能，为其上岗就业、开拓职业生涯奠定了良好的基础。比如，我国现阶段推行的"1+X"证书制度，给学生提供了在获得学历证书的同时，取得多类职业技能等级证书的可能。"1+X证书制度"能够满足企业需求和个体就业需求，有利于用人单位对从业者工作任务完成质量的评价，也有利于就业者个体的成长。在该阶段，学生完成了从"学校人"向"社会人"的转变，解决了温饱问题。

（2）中级阶段。职业教育通过对职场人开展职中和职后培训，提升劳动者的技能水平和管理服务水平，增强其职场竞争力，促使劳动者在职业生涯中创造性开展工作，增强其获得感和满足感。部分劳动者从"打工人"走向"创业者"，比如，在企业的内部培训中，定期面向员工开展职场培训，通过系统的培训更新劳动者的理念、知识和技能，以适应社会发展和技术变革对产业和企业带来的新挑战。劳动者在工作中掌握的信息和资源，也为其开拓新的事业奠定了基础。部分劳动者从"打工人"走向"创业者"，就是满足了劳动者情感和归属需求、尊重的要求。我国国家劳动和社会保障部引入的 SYB（Start Your Business）培训项目面向企业管理者、中小型企业主及在校生，开展企业管理、风险管理、融资管理等方面的培训，有助于为创业者提供必要的创业知识和创业技能，增强微小企业抗风险能力。

（3）高级阶段。随着人的职业能力和技能水平的提高，劳动者会在其工作领域内形成权威并具有领头作用，从而带动后进者的发展，因而劳动者本身的角色也发生了新的变化。拥有高技能的劳动者扮演了"师傅"的角色，部分高技能者被授予"大国工匠""技能大师"等头衔，甚至进入职业院校承担教学任务，完成了从"技师"到"教师"的转变，其创造力、解决问题的理论水平得到进一步提升，满足了更高层次的实现需求。《关于推动现代职业教育高质量发展的意见》指出："支持企业技术骨干到学校从教，推进固定岗与流动岗相结合，校企互聘兼职的教师队伍建设改革"，贯通了高技能劳动者进入高校的路径。

当然，人的价值需求和自我实现是随着社会发展水平的变化而动态变化的。当前，我国社会主要矛盾已经转化为人民日益增长的美好生活需要和不平衡不充分的发展之间的矛盾，这就意味着人民群众的物质文明和精神文化需要更加充分和更高层次的满足。职业教育要在这种变化中持续增强自身的适应性，进一步挖掘和发挥职业教育的人文价值，才能在"工具理性"盛行的当下，促使职业教育在"工具理性"和"价值理性"的天平上找到平衡，增强自身发展的自适性和他律性。

第二章　职业教育现代化

现代化问题发轫于西方。18 世纪以来，工业化进程为现代化奠定了物质基础，促进了现代社会在思想、文化、政治、经济和教育等层面上的深刻转变。300 年间，人类社会的时间和空间观念、历史意识有了新变，那种被视为亘古不变的传统和信仰发生了松动。对此，黑格尔、马克思、韦伯、哈贝马斯等哲学家进行了深入论述。马克思指出："一切坚固的东西都烟消云散了。"这不仅道出了中古时代铁桶般的社会形态、价值观念的崩塌，还指出了未来社会的消解本质，意味着作为现代之物，没有一成不变的形态、体系和价值，它总是处在变化和发展之中。

职业教育走向现代化是一个行进中的议题，具有阶段性和持续性。作为阶段性职业教育，《中国教育现代化 2035》以 2020 年为界，提出了教育现代化的阶段目标，为职业教育现代化的发展明确了时间路线；作为持续性职业教育，它与国家富强、民族复兴、社会发展保持同频。只要人民对美好生活的追求没有终点，职业教育的"现代化"就永远在路上。

现代化的内核是现代性，这是一个带有时间意识的历史分期概念，是哲学预设视角下对某个历史阶段所呈现的价值观念及其本身的概括，标志了一个时期的当前性或现在性。[①] 职业教育现代化发在社会重大转型和技术变革的背景下。这种"发生"既给职业教育的发展注入了强心剂，同时对其"造血""输血"功能提出了新要求。

第一节　道路选择：中国职业教育现代化的关键

中国职业教育现代化是中国职业教育发展的道路选择，是职业教育在中国特色社会主义现代化道路中的特色发展。现代化（或现代性）存在量的时间范畴和质的概念变化。在量变上，有可以基本划分的时段界限；在质变上，涌现出某些异质的特征。因此，讨论职业教育的现代化，首先应明确其界限及特质。中国职业教育现代化的确立和发展，在时间范畴上，与我国现代社会的工业化、

① 赫勒.现代性理论[M].李瑞华，译.北京：商务印书馆，2005：2.

城市化、信息化、全球化等进程同频；在质的概念上，它是价值、宗旨、目的、思想、内容及其功能的革新。

推进职业教育现代化，是 40 多年来职业教育发展的主要命题。1983 年，邓小平在景山学校提出"三个面向"以来，职业教育在适应我国现代化进程中衍生了有别于此前和他者的特质，而且这种特质不断变化，乃至后者吞噬、"否定"前者，体现了中国职业教育现代化的螺旋上升。2019—2021 年，国家印发了四个涉及职业教育领域的文件——《中国教育现代化 2035》《国家职业教育改革实施方案》《加快推进教育现代化实施方案（2018—2022 年）》以及《关于推动现代职业教育高质量发展的意见》，指出了职业教育的未来图景和实现路径。四个文本内在统一于现代化的共同愿景和技术路线，并且在以下核心议题上保持政策上的延续，某种程度上指出了中国职业教育的现代意蕴：

——理念观念：党的领导、立德树人、类型特色、工匠精神、技术技能人才、全人发展、终身教育、国际合作与交流。

——治理体系：办学体制、职教体系、治理体系、制度体系、产教融合、校企合作、教育教学、专业建设、学生管理、质量保证。

——发展资源：财政投入、信息化建设、师资建设、标准化建设、平台建设、实习实训基地、产业学院。

一、中国职业教育现代化的哲学重构

（一）职业教育现代化进程的批判性重构

何谓职业教育现代化？在某种程度上，我们有理由怀疑一个描述性概念的可能性，这个概念能否充分捕捉各种历史背景的社会之不同现实，特别是全球语境下的各种面貌，更不用说三百年间的种种历史变化。因此，在探讨职业教育现代化之前，我们可以从"否定性"谈起，即什么不是职业教育现代化？这一问题又被称为"职业教育非现代化之问"。"否定性"（Negativity）是马克思辩证法的核心概念，是马克思对黑格尔"辩证否定"的批判性发展，是对世界及事物发展的哲学表达。"职业教育非现代化之问"是职业教育现代化的否定之问，其目的不是为了否定职业教育现代化，而是通过"否定性"这一门径，在一个相对的范畴上通过对职业教育现代化进行批判性重构，从而达到对职业教育现代化的把握。

在中国职业教育现代化进程中，"否定性"扮演着重要角色，其驱动职业教育在实践、理论、范畴、结构、标准等命题上不断发展，使职业教育适应我国社会发展的不同阶段，发挥了职业教育贡献。比如，20世纪50—60年代，为了快速填补人才缺口，国家大力发展周期短、实用性强的中等职业教育，催生了"半工半读"的职业教育模式；80—90年代，职业高中出现，取消毕业生分配制度和干部身份，是职业教育对市场经济的快速回应；21世纪初，高等职业教育加快发展，为经济社会转方式、调结构、促发展提供了战略支撑；当前，职业教育正迈向高质量发展阶段，较过去40年有了更高层次的目标和更为完善的体系。在此过程中，"否定性"成为推动职业教育创新发展的内在动力，使得职业教育的现代内涵得以涌现，如教育类型、产教融合、中国特色学徒制、全人发展。

职业教育的现代化发展路径是由注重规模到追求效益，继而追求规模、效益和质量相适切发展，体现了由肯定的正题、否定的反题和否定之否定的"正反合"过程性发展道路。马克思指出："辩证法对每一种既成的形式都是从不断的运动中，因而也是从它的暂时性方面去理解"[①]。中华人民共和国成立初期，由于各行各业对大量技术人员的迫切需要，因此职业教育要在体量和规模上满足社会发展需求，这也就奠定了社会主义初级阶段的人才基础。20世纪中叶，职业教育在其发展的重大挫折期中，孕育着新一轮的发展。其后，职业教育的发展正是吸取了过去正反两方面的积极因素，使得职业教育的现代化发展在否定性的扬弃中形成一个自我丰富、自我实现的"闭环"。

在社会发展初级阶段产生的中等专业学校或中等技术学校，是基于对劳动分工的理解[②]，以"技术教育"取代了"职业教育"，这是对旧民主主义"职

---

① 中共中央马克思恩格斯列宁斯大林著作编译局.马克思恩格斯文集（第5卷）[M].北京：人民出版社，2009：22.

② 1949年12月举行的第一次全国教育工作会议确定"中华人民共和国的教育是新民主主义的教育"，是在借鉴苏联教育体制的基础上，对旧教育中职业教育体制的否定。"原职业教育所要解决的就业问题，随着旧社会的完结、新社会的诞生，已是可以彻底消除了……因此只有劳动分工的不同，而不会再由从谋生出发的择业、从业、立业等就业问题，需要努力的只是如何更好地端正工作态度、掌握劳动本领和提高业务技术。"——俞启定，和震.中国职业教育发展史[M].北京：高等教育出版社，2012：130.

业教育"的第一次否定。但是，职业教育由于与经济社会的必然联系，造成了对"技术教育"的否定。"文化大革命"结束后，我国拨乱反正，进入改革开放新时期，"职业高中"等形态的职业教育要求为保障就业服务，尤其是高等职业教育迅猛发展，明确了以就业为导向的发展定位。之后，职业教育构建了现代职教体系，构建了多层次的人才培养立交桥，形成了"职普融通"和国家资历框架，既是社会化大生产下对劳动分工的重新适应，也是对技术、技能型社会培养结构的调整。

在职业教育批判性重构过程中，每一个阶段的发展命题都是暂时性的，这意味着当前职业教育的现代发展也是处于这样的一种"暂时性"中，它具有"否定性"的力量，在自我革新中走向更高层面的"解放"，它们处于一种辩证的"统一性"中，成为相互推动的一股力量。职业教育现代化进程包含着"非"和"不"的否定性描述，意味着"摆脱不现代化"，或者祛除"非现代化"的遮蔽，呈现现代化的真实面貌。这个"摆脱""祛除"的过程，就是职业教育现代化的扬弃过程，是职业教育现代化螺旋式上升的进程。为了更进一步走近职业教育现代化的内核，我们接下来将进一步探讨职业教育的"非现代化之问"。

（二）职业教育现代化进程是"历史性"与"否定性"的统一

黑格尔论证了"否定性"为理性之自我运行过程，认为否定之否定构成了一个范畴推动另一个范畴的运动。[1] 由此可以推论出，作为"否定性"的职业教育非现代化亦是一个范畴问题，是非现代化范畴实践对现代化范畴实践的推动。从职业教育的非现代化范畴实践来看，它由一系列"否定性"的表现及其对象组成：职业教育现代化不是旁栖依附的存在，不是数量的简单叠加，不是花样百出的数据排名，不是无序混乱的管理，不是陈旧低效的设施设备，不是人云亦云的模式照搬，不是闭门造车的合作交流，不是培养对象的工具理性主义……

"否定性"不等于"消极性"，它是事物发展与变革的推动力量，蕴藏在事物的实践中。因此，职业教育的非现代化并非消极的。相反，职业教育的现代化是在非现代化实践中呈现的，后者是以职业教育非现代性作为"否定性"

---

① 陈永杰，谭晓婷．论"否定性"概念的批判性重构——马克思对黑格尔辩证法的超越 [J]．东南大学学报（哲学社会科学版）．2022，24（1）：43-50．

范畴的积极性。从职业教育非现代性的实践范畴来看，职业教育的规模发展、指标体系、管理模式、培养标准和相对低效落后的设施设备都是在"暂时性"的历史条件下的实践结果，相较于其早期的历史阶段，是一种适应现实的先进实践。因此，质量意识、治理意识、以人为本、立德树人等职业教育现代内涵，无一不是由人在发展中的实践所创造和推动形成的。

"历史性"和"否定性"是唯物辩证法的一体两面。一方面，职业教育的非现代性实践是在历史过程中呈现的，这可以从 70 多年来的职业教育发展进程中得到印证。职业教育发展的螺旋式上升源自近现代中国社会发展变革和职业教育现代化"否定性"过程，即职教人的实践活动的历史过程。另一方面，在唯物史观视野下，职业教育的历史进程反映的是中国社会变革的否定过程，即近现代中国人民建设社会主义国家的实践过程，是促使中国社会不断进步、迈向现代化的过程。具体而言：

其一，职业教育现代化的"否定性"为职业教育现代化的劳动实践，是能被历史把握的过程。唯物史观认为，物质世界的"否定性"是人作为劳动者通过劳动实践，不断否定、改造和超越自身及其世界的发展过程。在此过程中，劳动或者劳动实践是促使物质世界为之改变的原动力，人们在此基础上，构建了与生产力相适应的生产关系、社会形态和制度模式。中国职业教育现代化的"否定性"实践是在我国社会不同的发展阶段中展开的。

在社会主义革命和建设时期，我国社会完成了由新民主主义社会向社会主义社会转变，建立了较为完整的工业体系和国民经济体系，农业生产条件有了显著改变，职业教育有了很大的发展。该时期，带有技术教育、专业教育性质的技工学校、农业中学、城市职业中学和中等专业技术学校成为这个时期职业教育的主体，催生了 20 世纪 50 年代的"半工半读"模式、"学徒制"模式，可以将其视为 21 世纪中国现代学徒制、顶岗实习制的先声。

在改革开放和社会主义现代化建设时期，生产力进一步发展，形成了充满活力的社会主义市场经济体制。该时期，在中等（专业）技术教育和职业教育基础上出现的"职业技术教育"，包含了中等专业教育、技工教育、高等职业教育等形态的职业教育。期间，通过"三改一补"（改革、改组、改制和补充）方式构建的高职院校，为其后的应用型本科转型、独立学院转设、本科层次职业学校改革和技工学院升级提供了改革范式。

党的十八大以来，在中国特色社会主义新时代，中国迈向了现代化新阶段，职业教育在发展体系、培养模式、制度体系、财政投入、基础建设等方面实现了跨越式发展。这是职业教育伴随着人的社会实践而形成的理论和观念成果，是在"否定性"中不断接近现代化内核的过程。

其二，具有能动性和客观的人是职业教育现代化的"否定性"力量。现代性、现代化等观念并不先于人的实践而存在，"非现代化"的"否定性"只有在人的能动性下才能显现出来。亦即人的实践使"否定性"发挥作用，是人的劳动实践使职业教育在"非现代化"的"否定性"过程中得以显现，使职业教育作为劳动对象发展出适合人类生产方式和社会制度的模式、体系。由此可见，职业教育的"否定性"发展是人有目的地使职业教育符合社会发展的实践过程。从国家政策话语中可以看到，人的合目的性和能动性在国家意志中的融入。

1985 年 5 月发布的《中共中央关于教育体制改革的决定》是指导新时期职业技术教育发展的纲领性文件。该文件指出，一定要采取切实有效的措施，改变职业教育在教育事业中最薄弱环节的状况，明确了发展中等职业技术教育的重点，以及积极发展高等职业技术教育的指引，提出"逐步建立起一个从初级到高级、行业配套、机构合理又能与普通教育相互沟通的职业技术教育体系"。在该文件中，"职普融通"的概念呼之欲出。

2021 年 10 月，中共中央办公厅、国务院办公厅印发了《关于推动现代职业教育高质量发展的意见》，构建了高质量的现代职业教育体系的发展方向和轮廓，是未来一段时间职业教育政策的基本遵循。该文件明确出指要"加强各学段普通教育与职业教育渗透融通，在普通中小学实施职业启蒙教育，培养掌握技能的兴趣爱好和职业生涯规划的意识能力。探索发展以专项技能培养为主的特色综合高中。推动中等职业学校与普通高中、高等职业学校与应用型大学课程互选、学分互认"。"职普融通"的理念得到进一步推广，并且扩大了外延，使融通延伸到小学乃至终身教育领域。

在两个跨度超过 35 年的政策文件中，职业教育"职普融通"观念之显现是人作为主体，在劳动资料发生改变、劳动工具产生变革、劳动对象发生变化下，对劳动技能、生产能力进行改造和超越的过程。在此过程中，被遮蔽的职业教育"现代性"或"现代化"在实践和观念领域得以呈现，此谓职业教育"否定性"的人的主体性。

二、中国职业教育现代化内涵与特性

（二）国际视野中的职业教育现代化

1. 国际视野中的职业教育现代化理念

世界各国及国际组织均对职业教育的现代化或现代性提出不同层面的要求，但是无一不是站在人和经济社会发展的立场上。比如，联合国教科文组织要求职业教育模式由传统向现代全面转变，聚焦个体的终身教育和复合能力培养，重视公众需求和市场需求，在技能结构、能力要求、培训主体、培训载体、驱动方式等方面明确了指导性意见。欧盟组织在《实施职业教育与培训现代化》（2009）中指出："职业教育与培训现代化的理想状态是更加积极主动应对劳动力市场需求，且具有足够的灵活性，能够解决技能失衡和短缺问题。它是青年人和成年人获得执业资格、实现知识更新的重要选择。个人通过职业教育与培训获得的职业能力和资格能够被充分认可。"[1]澳大利亚职业教育现代化关注个人与企业需求，要求职业教育对经济发展和社会进步有重大促进作用，要把满足个人和企业的学习需求作为根本出发点，在财政投入上要以实现社会和经济繁荣为目标。美国社区学院侧重学生学习成效，并且以学习成果为导向，其职业教育的投入、改革均服务于此目的。

综上所述，国际视野中的职业教育现代化理念注重职业教育对个体发展和经济社会发展的促进作用，由此决定了国外部分国家在职业教育与培训培养、财政投入以及质量评估等方面的转向。

2. 国际视野中的职业教育现代化内涵要素

世界范围的职业教育现代化尽管有不同的发展模式、办学路径和发展经验，但是作为一种互学共鉴的活动方式，世界各国的职业教育现代化在内涵要素上具有共性，即校企合作、技能开发、跨界融合三个方面，三个方面相互交叉，互为关联。

（1）校企合作方面。世界各国普遍将校企合作作为促进职业教育现在发展的必要路径，将职业教育校企合作作为现代职业教育改革的主要方向。比如，法国制定了"面向21世纪职业教育宪章"，明确要建立全国职业教育与经济

---

① 石伟平. 中国教育改革 40 年：职业教育 [M]. 北京：科学出版社，2018：62-63.

领域对话机制，加强职业教育与企业界的联系。日本是世界上公认的职业教育"企业模式"的代表，其在 2003 年 6 月 27 日发布的《关于经济财政运行与结构改革的基本方针——2003》中要求将企业实习与职业培训进行组合，面向年轻人，导入"实务与教育相连接的人才培育制度"，成为日本职业教育"双元制"模式的直接表述。[①] 其他国家如澳大利亚、美国、德国，基于经费投入、技能标准、能力要求、课程开发等因素，均把校企合作作为加强职业教育与产业界的联系，服务产业发展需求的必要手段。

（2）技能开发方面。技能是个体发展、国家人力资源开发的基础。为此，技能开发被视为世界职业教育现代化的核心。澳大利亚工商业协会（ACCI）和商务委员会（BCA）开发了就业技能框架内容，提出了核心技能框架（ACSF），意味着技能开发对于个体发展、社会融入和经济发展的关键作用；英国在 2011 年发布了《新挑战、新机会——继续教育和技能体系改革计划：建立世界一流的技能体系》；美国在 2009 年发布了《技能战略：确保美国工人和行业形成具有竞争力的技能》。尤其是近年来，信息技术的崛起，全球进入了科技发展的新轨道，劳动者的劳动技能将成为国家能否保持产业竞争力，快速占领产业前沿的"软实力"。由此对职业教育发挥技能开发职能，保持职业教育领先性和先进性提出了更高要求，成为财政制度的重要衡量标准。

（3）跨界融合方面。这一方面体现为职业教育的合作边界、办学制度、人才培养层面、社会功能层的跨界融合性质。职业教育现代化是一个开放的教育系统，活跃着各种办学主体，各自的利益在办学中得到融合。由此形成了办学制度的包容性，体现为各种办学力量在制度体系中形成的黏合、监督、支撑作用。在人才培养上，要求校企双元、工学结合的培养方式。比如，德国"双元制"和英国学徒制的培养模式即为此例。职业教育既要遵循教育规律，还要符合职业成长规律。比如，瑞士高等职业教育制定职业考试（BP）、高级专业考试（HFP）和高等专业学校（HF）三种教育模式，确立了相应的培养目标、学历证书，为不同发展方向和层次水平的学生提供了跨界融合的教育路径。

（二）中国职业教育现代化内涵

国际视野中的职业教育现代化是一个"立足本土、跨界合作、服务当局、

---

① 姜大源. 当代世界职业教育发展趋势研究 [M]. 北京：电子工业出版社，2012：21.

创新发展"的过程，我国职业教育的现代化发展路径其他国家相比没有太大的区别。天津市教育科学研究院荣长海教授指出：职业教育现代化就是以培养高素质劳动者和技术技能人才为培养目标的职业教育的现代化。其关键特征是办学方向主动适应和服务社会现代化和经济社会发展，培养目标是高素质劳动者和技术技能人才以及人的全面发展和自主发展，培养模式是产教融合、校企合作、工学结合和知行合一，教育过程要坚持科学性弘扬社会主义核心价值观。[①]

自洋务运动以来，我国职业教育现代化一直都在西学东渐中发展，从清末的实业学堂对日本和德国的学习，到民国时期对欧洲和美国的借鉴，到中华人民共和国成立效仿苏联模式，继而改革开放后对德国"双元制"、英国"学徒制"、美国"社区教育"等模式的学习，我国职业教育在国际视野中不断探索适合自身发展的本土化道路。在继承中国传统教育优良基因、吸收世界职业教育先进成果的基础上，为中国经济社会现代化提供世界一流的技术服务并在整个教育系统中占有突出地位，全面彰显现代性、先进性和特色化特征的职业教育。推进这个教育实现的过程并达到上述目标，就是中国职业教育现代化。

因此，中国职业教育现代化的生成应该是在吸取中国优秀传统和世界先进成果的基础上、服务于社会发展过程中实现的。从中国职业教育现代化哲学重构的"否定性"推论以及国际视野中，我们大致可以对中国职业教育现代化内涵做出这样的一种描述：职业教育作为现代社会中一种具有鲜明特质的教育类型，它具有准确且适切的办学定位和办学理念，形成了科学完备、执行有力的治理体系，拥有先进的教学设施和办学条件；在人才培养、教育教学、科学研究和社会服务等职业教育现代化核心内涵方面，形成了有利于人的发展、经济社会进步和技术变革的驱动机制；其办学模式、发展经验和范式标准能在国际领域内为其他国家地区所认同和学习。

（三）中国职业教育现代化的特性

中国职业教育现代化是在纵向和横向维度展开的。在纵向维度上，意味着中国职业教育现代化是"中国"现代化的一部分，打上了中国的烙印，使之具有了有别于其他国家的特色。为此，用西方国家的现代化标准来衡量中国职业

① 荣长海.职业教育现代化导论——职业教育现代化的内涵、标准、实现路径和监测指标研究[M].天津：天津社会科学院出版社，2019：157.

教育的现代化是偏颇的。在横向维度上，中国职业教育现代化是人的"否定性"和"历史性"实践的统一，是与经济社会发展相适应的，在发展规律上具有普遍性。为此，中国职业教育现代化具有"通约性""暂时性"和"否定性"特点。

1. 中国职业教育现代化具有"通约性"

"通约性"（Commensurability）是科学哲学的概念，对若干科学理论而言，如果它们可以被同一套术语所描述，使得人们可以通过比较的方式确定哪种理论更加有效或有用，那么便称这几种科学理论是可以通约的。我国职业教育现代化发展和国际视野中的职业教育均强调要服务人和社会经济的发展；在内涵属性上表现为趋同性；在层次结构和体系上具有相似性。为此，中国职业教育的现代化与国际职业教育的现代化具有一定的"通约性"，即它们在某些维度上可以相互参照、理解和学习借鉴，这也是职业教育国际化的逻辑前提。

2. 职业教育现代化具有"暂时性"

在不同国家视野和不同的历史阶段，"现代化"有不同的指称，如"工业化""全球化""近代化""当代化""后现代化""未来化"。从发展的普遍性来看，中国职业教育现代化是始终处于发展中的，中国职业教育现代化的内涵是纵向和横向的"暂时性"统一。任意一种指称都有其相对的实践范畴和内涵属性。因此，任何一种关于"中国职业教育现代化内涵"的理解，都是"暂时性"的理解，具有"当代性"。

3. 中国职业教育现代化具有"否定性"

作为用来描述广泛时期的词语，"现代性"及"现代化"可能有大致可供划分的时间界限，但是"非现代化"或"非现代性"则不受此限制。这意味着在现代社会里，由于观念和模式的因循守旧，内容和形式的貌合神离，以及为图变化而做出的牵强附会的变革，可能也是"非现代性"的，是"否定性"的。它们作为职业教育发展的一种"否定性"力量，作为一种变革的驱动力，一方面指出了不符合进步逻辑的现代化，且由于无法捕捉到职业教育在人类发展和社会进步中的充满变量的驱动，因而只会将其未来拖向历史的阴影，从而使职业教育的发展与其使命背道而驰。另一方面在出现新的变革力量和因素时，驱动职业教育主动或者被动做出变化，从而衍生新的、适合变革的发展范式，形成新的思想体系、政策体系、话语体系和实践体系。

三、中国职业教育现代化的实践体系

实践是人们能动地探索和改造现实世界一切客观物质的社会性活动，教育是实践的一种基本形式。基于人在职业教育领域的能动性活动而形成的实践系统，构成了职业教育现代化的实践体系。中国职业教育现代化的实践体系是中国职业教育现代化理论与实践的统一。中国近现代社会经过了新民主主义革命、社会主义建设、改革开放、中国特色社会主义新时代的发展进程，中国职业教育的现代化实践在客观世界的发展进程中展开。中国职业教育现代化的实践体系是职业教育在人才培养、科学研究、社会服务和文化传承方面的实践的综合，在一定程度上是对观念和思想的现实反映。中国职业教育现代化的实践体系包括宏观、中观和微观三个层面。

（一）宏观层面

宏观层面的实践体系是将职业教育作为人特有的对象性活动，是人通过探索、借鉴和改造等路径，认识和利用职业教育发展的客观规律，构建起职业教育持续发展的科学系统，达到服务现实世界的社会性目的，在此实践过程中形成的现代职业教育体系。其实践的主要载体是全国各级各类的职业院校和职业培训机构，具有适应需求、有机衔接和多元立交的特点。具体而言，中国职业教育现代化实践体系是中国职业教育适应社会生产方式变革和人的发展需求，形成的学历教育系统和技能发展支撑系统，包括中职、专科、本科到研究生的学历教育发展系统，以及职业教育、普通教育和继续教育相互沟通的终身教育支撑系统。两大系统具有普遍的适切性和系统性，既满足全人发展的需要，又适应经济社会发展的需求，是中国现代职业教育的实践成果。

（二）中观层面

中观层面的实践体系是职业教育的内部实践，使现代职业教育在既定的思想方针下，围绕发展目标，遵循制度规律，在办学环节上形成系统性、合目的性和自洽性的办学过程。人们在职业教育范畴内进行实践活动，如建构、改革、强化、否定、撤销、合并等行为，使职业教育的理念、模式、路径、成效符合人的利益和需要，并且检验人的主观目的、愿望、意图和计划等是否符合客观现实，检验人对职业教育的认识是否正确。其实践范畴包括思想与意识形态建设、治理体系建构、教师队伍建设、专业建设、教育教学改革、科学研究、社

会服务、信息化建设、对外合作交流等方面。中观层面的实践体系是人处理职业教育内部各范畴之间关系的系统活动，各种范畴的形态、结构、属性、规律等经由人的实践活动，符合人及所处社会发展的需求，适应生产力变革的需要。

（三）微观层面

微观层面的实践体系是人在职业教育领域，围绕职业学校基本职能所开展的能动性和合目的性实践活动。微观层面的实践体系是人作为实践主体，推动职业院校发挥职能的活动的综合。其主要包括四个方面：人才培养实践、科学研究实践、服务社会实践、文化传承创新实践。具体而言，人才培养实践是人在学校领域为培养人所开展的教育教学活动之总和，包括教育教学、学科竞赛、创新创业、实习管理、实训教学、实践基地建设、技能鉴定等。科学研究实践是人探寻自然、社会、思维等客观规律的活动，包括调查研究、发明创作、实验检验、规律探寻等方面。服务社会实践是高职院校发挥资源优势，面向公众开展增值或者公益性的服务实践，以促进社会发展、产业转型升级和人的终身教育，包括职业培训、公益服务、管理咨询、技术推广、成果转化、乡村振兴等方面。文化传承创新实践是人在职业院校中的思想道德、法律法规、物质文明和精神文明建设等方面的实践活动。特别是高等职业教育的"高等性"和"职业性"，要求职业院校积极担当文化育人使命，积极践行社会主义核心价值观，加强产业文化、职业精神、工匠精神的培养，增强文化自信、道路自信、制度自信和理论自信，增强职业教育"人人皆可成才，人人尽展其才"的实践自信。职业院校文化传承创新实践包括思想政治建设、依法治校、社团建设、校园文化建设、师德师风建设、社会实践、技能大师工作室建设等方面。中国职业教育现代化的实践体系是现代高职院校高质量发展的参照系，是高职院校实现内涵式发展，提升高职发展质量的必由之路。

实践是检验真理的唯一标准。不管哪个层面上的实践体系，都是在该范畴内检验职业教育现代化是否行之有效、符合规律的方法。中国职业教育现代化的标准只能是中国社会的客观实践，因为中国职业教育现代化是一个客观事实，而非人为建构的理论产物，是近现代中国人在思想领域对中国职业教育的正确反映，因此必须经由人的对象化，使之具有客观世界的属性，才能为之检验。客观世界是不断发展的，实践也是不断发展的。因此，没有哪一种实践体系能代表职业教育现代化的标准和规律，这就需要我们在马克思主义一般原理指导下，研究职业教育新事物、新问题和新趋势，不断做出新的概括，推动职业教育的客观规律向前发展。

四、中国职业教育现代化的实现路径

2019 年 2 月，中共中央、国务院印发的《中国教育现代化 2035》被视为包括职业教育在内的中国教育现代化施工图，对即日起至 2035 年教育现代化建设进程做出了全面系统的规划，明确了教育现代化的战略任务和实施路径，具有纲领性意义。《中国教育现代化 2035》对教育现代化进程的规划主要分为两个阶段：第一阶段是到 2020 年，教育现代化取得重要进展；第二阶段是到 2035 年，总体实现教育现代化，迈入教育强国行列。中国职业教育现代化是现代中国职业教育的发展方向，要通过提升专业服务产业的贡献度、人才培养服务产业需求的契合度、科研服务赋能社会发展的贡献度等途径，适应人和经济社会的发展。具体而言，有以下几个方面的着力点。

（一）深化校企合作、产教融合

校企合作、产教融合是中国职业教育的本质特征，是职业教育现代化发展的根本路径，其需要在现代化发展中长期坚持和不断创新。《国家职业教育改革实施方案》提出，要"促进产教融合校企'双元'育人"。《国务院办公厅关于深化产教融合的若干意见》和《教育部等六部门关于印发〈职业学校校企合作促进办法〉的通知》文件明确了职业院校深化校企合作、产教融合的目标定位、具体措施和政策导向。由此可见，校企合作、产教融合是职业教育现代化的机制保障。深化产教融合可以促进教育链、人才链与产业链、创新链有机衔接，促进人力资源供给侧结构性改革。深化校企合作、促进产教深度融合有助于将高职课堂向企业岗位前置，促使教学内容和工作任务对接，技能训练与岗位能力对接，教学环境与企业环境对接，增强职业教育教学对产业经营生产需求的适应性。

（二）坚持学历教育与职业培训并举

学历教育和职业培训是职业教育的一体两面，不能人为割裂。从国家发展职业教育来看，职业教育的学历教育和职业培训同等重要。教育部办公厅等

十四部门印发的《职业院校全面开展职业培训 促进就业创业行动计划》指出，"实施学历教育与培训并举是职业院校（含技工学校，下同）的法定职责。职业院校面向全体劳动者广泛开展职业培训，既有利于支持和促进就业创业，也有利于学校提升人才培养质量和办学能力，是深化职业教育改革发展的重要内容"。一方面，国家大力发展本科层次的职业教育，通过打破职业教育学历教育的"天花板"，优化人才培养结构；另一方面，通过推动职业院校全面开展职业培训，提高劳动者素质和职业技能水平。

从职业院校办学实践来看，大多数学校除了保障学历教育的主体地位，均将职业培训作为学校发展的重要方面。比如，职业院校通过设立继续教育学院、培训服务中心、职业技能培训与鉴定中心等部门，面向公众开展继续教育学习、技能鉴定与培训、管理服务培训、职业技能等级考试等方面的职业技术培训；承担了企事业单位的职前、职中和职后培训，农村富余劳动力转移和职业农民培训，下岗职工和复转军人再就业培训等业务。

（三）加强职业教育现代化治理体系建设

建立政府、学校、行业、企业等多主体共同参与的现代职业教育治理体系，是中国职业教育现代化的关键。职业教育现代化治理体系包括领导机制、法治体系、治理框架和制度体系四个方面。

1. 领导机制

职业教育治理是一项事关全局、关乎未来的重大工作，要在职业教育发展和改革中始终坚持党的领导，充分发挥党组织在各级教育部门及学校中的领导核心和政治核心作用。特别是在职业教育和职业培训两大领域中，其涉及部门广、系统性强，更要发挥党的"抓总"优势，加强党对职业教育工作的全面领导。职业院校要坚持党委领导下的校长负责制，明确责任分工，把握立德树人的根本，为社会主义现代化强国培养合格的劳动者和接班人。

2. 法治体系

全面建设依法治教的高等职业教育法治体系，加快修订和持续完善《中华人民共和国职业教育法》，为职业教育构建现代职业教育体系、增加制度供给。构建完备的职业教育法律法规体系，需要覆盖职业教育的重要领域，涵盖学位条例、证书制度、终身教育、教师发展等关键环节；加强立法部门之间的沟通协调，制定部门规章、地方性和行业性法规，形成相互支撑、互为监督的制度环境。

3. 治理框架

职业教育治理是多方利益主体共同参与的集体行动，在利益表达和决策参与中，要充分吸纳来自行业协会、企业、学生家长等利益相关方的意见，协调解决利益冲突与棘手问题。国家层面要建立部际联席会议，加强教育部、人力资源和社会保障部、发改委、财政部等部门的沟通协调机制。总之，要优化职业教育现代治理框架，形成政府、学校、社会和市场等多元主体共治的格局。

4. 体制体系

完善职业教育现代治理制度体系：宏观上要构建职业教育规范办学制度、质量评价与督导评估制度、资历证书制度等；微观上要深化职业院校办学章程建设，形成以章程为统领学校制度建设的现代学校制度体系。此外，还要建立理事会、董事会、监事会等制度，完善法人治理，扩大学校办学自主权。

（四）深化职业教育内涵式发展

内涵式发展是当前我国职业教育发展的核心理念，走内涵式发展道路是实现中国职业教育现代化的必然趋势。职业教育"内涵式发展"是职业教育的治理水平、教学质量、人才培养质量、科学研究与服务社会能力和办学效益的全面提升，是"软实力"和"硬实力"的增强，是为此而形成的自我约束、自我调整的机制，能在内外部环境发生变化的情况下做出适切性回应，使学校保持良好的发展态势。原天津职业大学校长董刚教授认为，职业教育内涵式发展的内涵包括三个方面的要素和一个价值判断，即内部要素、功能要素、载体要素及价值判断。[①] 为此，正确处理好内涵式发展三个方面的关系，坚持正确的价值操守和理想担当，能有效增强职业教育现代化的要素供给，实现价值提升。

一要坚持结构合理，层次健全，规模适度，质量为上。职业教育现代化是中国教育现代化的重要部分，构建一个结构、层次、规模和质量相协调的职业教育现代化体系，能有效提升中国教育现代化水平。《中国教育现代化2035》指出了中国教育现代化的实施路径，要求"着力提高教育质量，促进教育公平，优化教育结构"。职业教育要在人才结构、培养层次、发展规模以及培养质量

---

① 董刚. 高等职业教育内涵式发展研究 [M]. 北京：高等教育出版社，2014.

上花大力气，最大限度发挥资源效益，在国家宏观、地方中观和院校具体层面，形成系统衔接、统筹协调的职业教育发展体系。

二要发挥职业院校四大职能：科学研究、人才培养、社会服务和文化传承创新。以校企合作、产教融合为切入点，推行工学结合、工学交替教学模式，共建产业学院、社区学院、"乡村振兴"学院等合作载体，利用学徒制培养、订单班培养等人才培养方式，增强学校服务发展能力。

三要牢牢把握专业群建设、教师发展、国际化发展等办学关键环节，深入推进"三教改革""三全育人""双师型"教师建设和"一带一路"重要倡议等工作，夯实"双高计划"、高水平专业群、产教融合试点城市、国际合作交流等合作载体，在教学成果奖、规划教材、教学名师、"挑战杯"等标志性成果上取得突破，增强职业教育的竞争力，促进区域职业教育及职业院校特色发展。

四要大力涵养具有人文价值、工匠精神和地方特色的现代校园文化，打造具有职业特色、文化品位的职业教育文化高地，增强职业教育的吸引力。

第二节　东莞经验：现代高职院校的创新实践

东莞位于广东省中南部，是粤港澳大湾区核心九城之一、全国"万亿俱乐部"新晋成员，城市总人口超过千万，户籍人口和外来人口比例为 1：4。东莞高等教育发展起步较晚，但是发展速度快。截至 2021 年 12 月，全市现有高等院校 9 所（表 2-1），其中公办高等职业院校 1 所，为成立于 2009 年的东莞职业技术学院（以下简称"东职院"）。

表 2-1　东莞市高等院校名单

序号	学校名称	办学性质及层次	成立年份
1	东莞理工学院	公办本科院校	1992
2	广东科技学院	民办本科院校	2003

序号	学校名称	办学性质及层次	成立年份
3	东莞城市学院	民办本科院校	2004
4	广州新华学院（东莞校区）	民办本科院校	2005
5	东莞职业技术学院	公办高职院校	2009
6	广东创新科技职业学院	民办高职院校	2011
7	广东亚视演艺职业学院	民办高职院校	2000
8	广东酒店管理职业技术学院	民办高职院校	2016
9	东莞开放大学	公办开放院校	1979

东职院的创建适应了东莞作为中国乃至世界制造中心的产业人才需求，她在筚路蓝缕的创业之中，实现了"示范"加身，跻身"一流"，继而在国家平台上"登高"望远。其高歌猛进的发展进程，一方面体现了现代职业教育作为"供给侧"的内生发展和自我增值，另一方面体现了现代职业教育面向"需求侧"的外向输出和拓展赋能。

在职业教育发展的纵向维度上，东职院的"攀登之路"是中国职业教育现代化的缩影，其因势而动、因政施策的发展经验值得总结探讨；在经济社会发展的横向维度上，东职院在城市现代化中因势而谋、积极作为，其一流高职之路对区域新建高职院校发展具有借鉴意义。

诚然，时局在变，包括东莞在内的经济发达地区要求提升人才红利，且发展高等职业教育是逻辑上的一环，因此职业教育能不能成为知识创新和技能发展之中枢，这是决定职业院校未来走向的时代新问。

一、职业教育与地方发展的共识

（一）东莞"双转型"要求发展高等职业教育

东职院的创建是东莞现代化和城市化进程的一部分。21 世纪初，东莞确立了建设以国际制造业名城为特色的现代化城市目标，确定了推进经济社会双转型的发展战略，即推进资源主导型经济转向创新主导型经济，初级城市化社会转向高级城市化社会。优化人才结构是破除双转型的发展难题、增强发展动力的必要举措。为此，发展高等职业教育，培养高素质技术技能人才，建设一所高等职业技术学院被提上了日程。2006年11月，《东莞职业技术学院筹建规划方案》（下称《规划方案》）开宗明义就指出了筹建东职院之初衷：

"为贯彻落实市委市政府关于创建东莞职业技术学院的决定，加快我市高等职业教育发展和高级技能人才的培养，缓解各行业对各类高级技能人才的需要，推动我市社会与经济进一步发展，制定以下东莞职业技术学院筹建规划方案。"

《规划方案》按照"起点高、体制新、有特色"的思路，立足东莞，服务珠三角，对接行业与产业，坚持工学结合、校企合作，确立了"建成具有东莞特色的全国一流职业技术学院"的发展目标。在专业设置上，根据东莞市产业结构特点和对工科类技能人才需求量大的情况，东职院规划设置以工科为主的各类实用专业，包括机械制造与自动化、服装设计、机电一体化技术等20个专业。

其专业设置紧密契合了东莞的产业发展。2007年，东莞八大支柱产业[①]总产值达3 848.78亿元，占工业总产值的57%。其中，以通信设备、计算机及其他电子设备制造业为代表的一批技术密集型的高附加值的行业已成为龙头产业。在经费投入上，东职院工程预估投入9亿元左右，实际投入超过13亿元，生均财政拨款达2.53万元。从学校基础投入到生均拨款制度，东莞市委、市政府对东职院的投入无疑是一笔巨大的财政支出，足见东莞发展高等职业教育的坚定决心。

2007年3月，东职院经广东省人民政府批准正式开建。学校主体工程于2008年7月基本建成。同年9月，东职院以"东莞理工学院元岭校区"名义挂靠招生，完成了首秀。2009年被视为学校创办之元年，学校迎来了自己的首批学生。学校计划招生800人，最终录取2 500多人。三年后，学校的人数已经

---

① 东莞的八大支柱产业包括机械电气、电子信息、纺织服装、家具、塑胶化工、玩具、纸制品、食品饮料。

接近万人，被誉为"万人大学"，充分反映了广东对高素质技术技能人才的强盛需求。

（二）中国职业教育迈入蓬勃发展期

东职院的初创期，正是中国高等职业教育蓬勃发展的阶段：院校数量激增、高职在校生规模膨胀、技能人才地位上升。2002年，国务院出台了《关于大力推进职业教育改革与发展的决定》，文件要求"大中城市和经济发达地区要在继续发展中等职业教育和职业培训的同时，积极发展高等职业教育，有条件的市（地）可以举办综合性、社区性的职业技术学院"。文件还支持民办职业教育的发展，鼓励公办学校引入民办机制，要求城市教育费附加安排用于职业教育的比例不低于15%，企业投入职工培训的经费比例不低于职工工资总额的1.5%。

在国家政策和第四次全国职业教育工作会议的推动下，2000—2010年，全国新增高等职业院校929所（图2-1）：2000年，全国仅有成人职业大学184所；到了2010年，全国高等职业院校已经增至1113所，较千禧年增幅达604%。其中，头五年发展最为迅猛，年均新增137所。2005年后，增幅呈下降趋势，但是依然保持了年均40所的新增数量，东职院就是其中的新增因子。高职院校这种新增势头一直保持到下一个10年。从数据来看，早在2005年，高等职业教育在院校数量上就开始占据了高等教育的"半壁江山"[①]，并成为此后10多年内的常态，彻底改变了教育的发展格局，为职业教育在下一个10年从规模发展向高质量发展转变奠定了"量"的基础。

---

① 2005年，全国有普通高等学校1792所，其中大学、专门学院701所，职业技术学院921所，其他专科院校170所。从数量上看，职业技术院校的数量已经超过了本科院校，在全国普通高校中的比例达到51.40%，占据了普通高校的"半壁江山"。但是在学生规模上，则要在下一个10年，职业院校才能实现和普通本科学校的"对半开"。

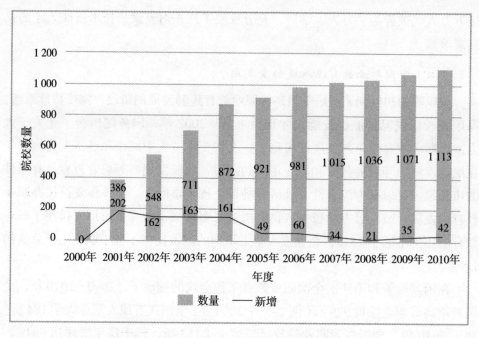

图 2-1 2000—2010 年全国职业院校数量变化

从学生规模来看，21 世纪第一个 10 年内，高职院校在校生数量由 2000 年的 36.18 万发展到 2010 年的 657 万（图 2-2）。其中，头五年保持了超过 50% 的年均增幅。进入 2005 年，增幅呈下降趋势，但在人数上依然保持了年均 60 多万的新增规模。从职业教育内部来看，高职院校学生规模的增幅跟不上院校的发展速度，乃至跟不上普通本科高校扩招时期的速度，这主要与职业教育的学制和社会观念转变有关。学制上，高等职业教育一般为三年制，学生存量上较本科院校少一年。观念上，社会共识要从"唯学历"转到"学历和技能并重"上来，还需要一段时间，导致职业院校存在一头冷、一头热的情况。比如，一些经济欠发达地区的职业院校少人问津，而经济发达地区的职业院校由于就近就业市场而招生火爆。由此也解释了东职院为何在第一年正式招生的时候，就录取了远超过原来的计划指标数。

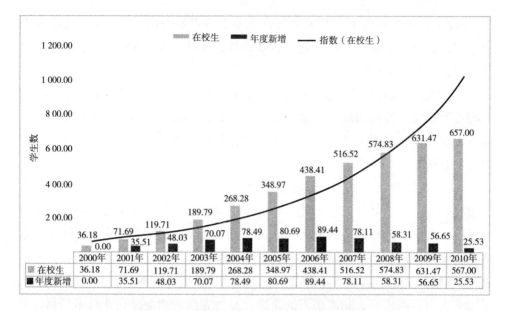

图 2-2　2000—2010 年高职院校在校生变化

	2000年	2001年	2002年	2003年	2004年	2005年	2006年	2007年	2008年	2009年	2010年
在校生	36.18	71.69	119.71	189.79	268.28	348.97	438.41	516.52	574.83	631.47	567.00
年度新增	0.00	35.51	48.03	70.07	78.49	80.69	89.44	78.11	58.31	56.65	25.53

（三）几点启示

从东职院的创建到其后的发展历程来看，发展职业教育是提升人力资源配置水平的优先选项。职业教育发展要始终做到与城市社会经济发展同频共振，要在满足产业发展对高素质技术技能人才的需求、人对优质教育资源的需求、促进人的发展上取得共识。东职院应东莞经济社会双转型的发展需求而生，并随着东莞产业的变化发展而主动谋变：从 2009 年初创期的 20 多个专业，发展到 2022 年的 50 多个专业，构建了专业动态调整的进出机制，其中的"变与不变"，是东职院专业设置和人才培养对服务产业发展的坚定支持。东职院初创期间的发展背景在以下几个方面对新建高职院校具有借鉴意义。

（1）新建职业院校要在充分调研和分析当地产业结构基础上，明确设置的专业及其服务发展方向。在东职院初创期间，东职院筹建团队依托东莞市软科学项目——"东莞市职业技术教育发展战略研究"，对全市产业发展现状、高技能人才需求情况等先决条件进行了深入调研，梳理出建设东职院的发展思路、实施路径和建设重点，为推进东职院在头一个五年在"做大、做强、做优"的发展上突进明确了路线图。

（2）在观念制度上，要紧跟国家职业教育发展方向，在发展中不断调整服务发展、创新发展的焦距，进一步缩短教育教学与就业实训的距离，增强学校和社会的双向吸引力。

（3）在财政投入上，新建职业院校要积极争取地方财政的有力支持，落实职业教育生均拨款制度。要紧密依靠行业企业力量，发挥社会力量参与职业教育，使行业企业成为学校人力资源、财力资源和物力资源的有效补充，形成多元化合作办学新格局。

（4）在社会服务上，要积极服务中小企业发展。比如，东莞除了有许多上规模企业，更多的是处于产业下游的中小型企业，它们在东莞经济社会转型升级中，由于不具备产品研发能力，自主创新能力不足，制约了其向技术赋能型企业发展，因此亟须高校予以支持。东职院创办伊始就成立了校企合作与就业指导中心。一方面发挥中心职能，密切结合学校人才培养与产业发展的需求，缩短了人力资源供应方和需求方的距离；另一方面密切加强企业技术创新、经营管理与学校社会服务的联系，通过在学校设立"校中厂"，在企业设立"厂中校"，共建大学生实践实训中心，发挥学校博士、教授等高层次人才的科研优势，帮助企业解决生产管理中存在的问题。总之，新建高职院校具有人才优势，应确立人才服务的市场导向，发挥自身科研实力服务中小企业转型升级。

在上述方面，东职院在初创期通过践行"123456"的办学理念，构建了分工合理的领导结构，形成了较为健全的制度体系，打造了干练的管理队伍，建设了一支"双师型"教师团队，建立了满足高职教学所需的实习实训基地，使学校办学步入了正轨，汇入了中国职业教育改革发展的历史洪流，并在国家及省市的职教改革中主动作为，为其后来进入"省示范""省一流"和国家"双高"方阵夯实了发展基础。

专栏

东职院"1234536"办学理念

"1"是指一个目标：把学院办成具有东莞特色的全国一流的职业技术学院；"2"是指两种创新模式：创新人才培养模式、创新队伍建设模式；"3"是指三个服务：服务学生发展、服务企业发展、服务当地社会经济发展；"4"是指四个合作：合作办学、合作育人、合作就业、合作发展；"5"是指五大工程：规范治校工程、人才强校工程、质量立校工程、科研名校工程、特色兴校工程；"6"是指六个发展：制定规划，有序发展；规范管理，健康发展；强化责任，促进发展；提高质量，内涵发展；人才强校，持续发展；培育文化，和谐发展。

二、高职院校发展愿景的实现路径

（一）一流的愿景

"具有东莞特色的全国一流职业技术学院"会是什么样的面貌？"特色""一流""高水平"——这是很多高职院校在表述发展愿景和目标时常用的术语。比如，深圳职业技术学院"建成中国特色、世界一流职业院校"，杨凌职业技术学院"打造中国特色、世界一流高职名校"，宜春职业技术学院"建设特色鲜明的高水平职业高等学校"，成都工程职业技术学院努力建设"全国一流、国际知名"的中国特色高水平工科高职院校……高职院校在确定及推进发展愿景时，对于"特色""一流"高职院校的轮廓是否有着清醒的认识？

中山火炬职业技术学院原副校长劳汉生指出："打造世界一流的高职教育，我觉得不仅要关注经济发展的'今天'，更应该引领产业发展，关注社会发展的'明天'"[1]，即指出了一流的高职院校要有一定的引领性和前瞻性。长春

---

[1] 黄达人. 高职的前程 [M]. 北京：商务印书馆，2012：41.

职业技术学院原党委书记、院长马军认为，世界一流没有统一的标准，"关键是内涵建设、人才培养的质量，还有质量标准和评价标准的建设问题"[①]。新加坡南洋理工学院林靖东院长指出，一流的高职院校要有特色，"高职院校应有自己的办学特色，不能办得像同一个模子制作出来的。我认为高职院校需要更多的创新，梳理自己办学特色。学院文化、办学理念、专业能力、校企合作以及所在区域的经济、产业发展等都可以成为办学特色的构成因素"[②]。

在中国职业教育发展和国家及城市的现代化进程中，一所高职院校的"特色""一流"面貌注定是一个逐步丰满的过程，是一个横向延伸、纵向发展的过程，体现了对职业教育内在规律的把握以及与外在环境的互动关系。东职院在几个重大建设项目的发展目标中（表2-2），某种程度上呼应了上述同行关于一流高职的描述。

表 2-2　东莞职业技术学院若干重大建设项目目标对比

序号	项目名称	目标描述	建设周期
1	广东省示范性高等职业院校建设项目	紧扣东莞及珠三角区域经济社会发展及产业转型升级的要求，以协同创新为引领，以专业建设为抓手，以提高质量为核心，通过省示范性高等职业院校项目建设，带动和推进学院的整体发展，将学院建设成具有鲜明东莞特色的、创新型和国际化的省内一流、国内有影响的示范性高职院校，成为高职院校适应地方产业转型升级的示范，成为政校行企协同创新体制机制探索与实践的示范	2013—2018 年

---

① 黄达人. 高职的前程 [M]. 北京：商务印书馆，2012：128.

② 黄达人. 高职的前程 [M]. 北京：商务印书馆，2012：409.

续　表

序号	项目名称	目标描述	建设周期
2	广东省一流高职院校建设计划	形成对接东莞经济社会发展需求，支撑地方先进制造业、现代服务业和战略性新兴产业发展，推动东莞创新驱动发展和产业结构转型升级，引领东莞职业教育创新发展的办学格局。学校整体实力进入全国高职高专前150强、全省前15强，人才培养结构合理，人才培养质量全面提高，服务东莞乃至珠江三角洲经济社会发展能力明显提升，国际化办学程度显著提高，建成一批省内一流、国内领先的高水平专业，形成"政校行企协同，学产服用一体"人才培养的"东莞模式"，在治理能力、专业建设、师资水平、人才培养、社会服务、文化传承等各方面跻身于全国同类院校的先进行列，使学校成为办学特色鲜明，与行业高度融合，综合实力较强的开放式、国际化、应用型的高职院校	2016—2020 年
3	中国特色高水平高职学校和专业建设计划	到 2023 年，学校建成支撑粤港澳大湾区产业发展的高等职业教育品牌、高等职业教育产教融合创新的东莞模式，达到中国特色高水平高职学校建设标准；到 2035 年，学校综合办学水平和一批重点专业群达到国际先进水平，成为中国高等职业教育现代化的样板学校，为东莞打造世界级电子信息先进制造业集聚地、提高国家竞争力提供人才与智力支撑，全面建成中国特色高水平高职学校	2020—2024 年

在上述项目的目标描述中，三个项目恰好处于东职院发展的三个规划期。其中，"示范校"处于"十二五"阶段，"一流校"处于"十三五"阶段，"双

高计划"处于"十四五"阶段。三个项目的发展目标与三个规划期的规划目标相衔接。三个规划文本亦将这三个项目视为推进、实现其规划目标的主要手段。分析三大项目的建设目标，有利于我们进一步理解东职院"一流高职"的攀登之路。

（1）在"省示范校"建设项目中，东职院的一流愿景是在服务发展、内涵发展和引领发展中呈现的。它与"具有东莞特色的全国一流职业技术学院"感召式目标相比，突出了学校服务的对象及其目标，突出了体制机制、专业建设和育人质量等内涵发展的作用——这些方面的示范引领将进一步增强东职院在实现"一流高职"进程中的竞争力。

（2）在"省一流校"建设项目中，其一流愿景有了更加清晰和宽广的轮廓，呈现为可量化和国际化的目标。服务面向更加聚焦，目标上增加了对区域职业教育的引领，体现了东职院作为区域职教龙头的自信；以"政校行企协同，学产服用一体"为特征的办学特色日渐鲜明；对内涵发展提出了更全面、更高段位的追求，尤其强调从国际视野中观照自身，体现了东职院的一流愿景已经融入了世界视野。

（3）在"双高计划"建设项目中，其一流愿景因《中国教育现代化2035》目标的阶段性，呈现为中期和远期两个层面。其中，2023年的中期目标为达到"双高学校"标准，2035年是建成"双高学校"，二者是递进关系。该目标涵盖时间长，覆盖内容广，关注国内和国际领域的话语表达以及引领发展的社会责任。特别是注重专业群发展，注重职教类型、人才培养、科研服务方面的社会贡献度，这正是职业教育现代化的重要内涵，更是东职院一流愿景的理想面貌。

三个项目的建设目标是东职院一流愿景在不同阶段的呈现，体现了其内在的一致，以及对经济社会和时代变化的反应。

（二）2009—2015：初创阶段的"小三步"

经历了2009—2011年的初创期，东职院在各方面都步入正轨：领导架构基本健全，师资结构合理，学生进出两旺，管理规范有序，科研力量正在崛起。2011年，东职院正式制定了首个五年发展规划，确立了"做大、做强、做优"的"三步走"发展战略：

"2011—2012年为第一步，学院的规模达到12 000人；2012—2014年，将学院做强，按照省示范性高职的标准建设学院，达到省示范高职的标准；2014—2015年，将学院做优，按照国家示范性高等职业院校的标准建设学院，为把学院建成具有特色的现代化的全国一流高职学院夯实基础。"①

回过头来看，东职院在第一个五年规划制定的"三步走"应该是"小三步"。它将一个五年分成三个阶段，并确定了三个阶段性目标：万人规模、示范标准和一流基础。三个阶段性目标对应了高职办学指标、国家及省"示范校"的指标评估体系。客观来说，在学校发展的初级阶段，确定可供量化的目标有利于保障办学形态的合格和规范，使学校先在办学形态和发展指标上看起来"像一所大学"，这是一条可取之道。

1. "做大"：实现"万人大学"

"做大"主要指规模的扩大。从目标实现来看，东职院较好完成了该目标，于2011年成为"万人大学"。时任广东省教育厅副厅长的魏中林同志考察东职院时说道，"一个三年就办成万人大学的学校，在全国不知道，但在广东是第一家"，指出了学校发展势头之强劲。在学生规模扩大的同时，东职院在各项办学指标上都有了大幅提升。"十二五"规划收官之时，东职院开设了专业30个；获得省级以上技能竞赛300余项；教职工总数超过500人，其中专任教师464人，高级职称158人；获市级以上项目立项208项，授权专利152项；确立校企合作企业300多家，组建职教联盟5个；与境外7个国家（地区）确立合作关系，签订合作协议20余项……作为一所没有任何建校基础的新办院校，东职院在教师队伍、教学成果、专业建设等关键指标上，达到了一些建校历史在东职院之上的发展规模。

2. "做强"：达到省示范校标准

该目标在2013年得以实现。2013年，东职院以较强的前瞻性，拿出了谋势而动的创业魄力，终于在广东省最后一轮示范性高职院校建设项目中，挤进了立项建设单位行列。在广东省29所"省示范校"中，东职院是唯一一所没有经过人才培养工作水平评估就进入立项建设行列的高职院校。彼时的东职院，

————————
① 东莞职业技术学院. 东莞职业技术学院"十二五"发展规划［EB/OL］.（2015-11-09）. https://dzxxgk.dgpt.edu.cn/info/1036/1153.htm.

也仅处于 4 岁"幼龄"。据时任副校长李奎山教授在回忆录中写道,2014 年学校在迎接省办学水平合格评估时,专家戏谑道:"你们(东职院)都已经是省示范校了,这评估还能不合格?"

"省示范校"的成功入列为东职院的快速发展提供了一个高水准的平台,为其下一个五年进入"省一流校"积累了宝贵财富,具备了申报和建设省级重大项目的经验:首先,"省示范校"的建设任务和验收标准迫使学校自我增压,将一所办学不到五年时间的高职院校,提升到与省内的优秀高职院校同一建设标准、同一验收要求中来,由此推动东职院超越了原本应该按部就班发展的那个梯队;其次,进入"示范校"行列为东职院在其他省级项目申报中带来了政策红利,在教学改革项目、创新强校工程等方面,获得了新增指标;最后,东职院的"入列"客观上扩大了其知名度,使其在同行及社会中迅速扩大影响力。

3. "做优":按照国家示范校标准建校

这个阶段,"做优"的目的是为下一轮发展夯实基础。国家示范校的入选条件是"五个领先":领导能力领先、综合水平领先、教育教学改革领先、专业建设领先、社会服务领先。所谓的"领先",除了定性,还有定量。国家示范校项目预审标准设置了一级指标 6 个、二级指标 17 个,根据申报院校的举证材料进行定性评价;项目验收标准设置了一级指标 4 个,二级指标 8 个,采取定性和定量评价相结合评定。从国家示范高职的入门和验收标准来看,东职院在某些指标上可以达到领先性,但是在总体目标实现上,留给东职院的时间还不够。直到"十三五"建设规划收官之年,随着国家"双高计划"的出台,东职院在"十二五"埋下的种子,终于结出了果实。

东职院在"小三步"实现"做优"的目标任务过程中,一方面是对照国家示范校标准夯实发展基础;另一方面也是按照"省示范校"建设任务和验收要求,推进综合改革,并在人才培养、专业建设、教育教学、科学研究和社会服务等方面取得标志性成果,提升人才培养质量和办学水平。因此,东职院在"十二五"期间"做优"的过程是和"做强"的过程相互交叉、相互促进的,并非毫无关联的两个独立目标。

综上,东职院在第一个五年规划期提出的"三步走"战略中,"做大"是体量的大,而不是实力的强大;"做强、做优",是对标省级和国家级示范校的标准,是在评价体系,尤其是量化指标方面的实现,而对于内涵性的"做强、做优"要持续到其后的 10 年来实现或者持续推进。

（三）2009—2035：迈向现代高职的"大三步"

宏观来看，东职院从 2009 年创建至今也是"做大、做强、做优"的发展进程，可称为"大三步"。在这 13 年间，东职院经历了三个规划期。期间，东职院始终坚持"具有东莞特色的全国一流职业技术学院"的发展目标，根据经济社会和职业教育的发展变化，动态调整发展战略，不断优化阶段目标，丰富目标内涵，实现了发展平台的升级和全国综合排名的上升（表 2-3）。

表 2-3　东莞职业技术学院历年发展规划

规划期	发展战略	目标表述	发展平台	综合排位
十二五（2011—2015）	做大、做强、做优	把学院建设成为具有鲜明职教特色的、致力培养服务于企业生产一线的高素质技能人才的技能教学型高校，力争 10 年内建设成为具有东莞特色的全国一流的高等职业技术学院	省示范校	286
十三五（2016—2020）	五大发展	具有东莞特色的全省十强、全国百强、在国内具有影响力的一流高等职业院校	省一流校	101
十四五（2021—2025）	提质、扩容、升级、赋能	到 2025 年，跻身国家"双高计划"高水平专业群高阶行列，建成对接品质东莞、服务湾区都市、在全国更具影响力的一流高职院校；到 2035 年，建成立足东莞、国内一流、国际有影响的中国特色高水平本科层次职业学校	国家双高	78

在"做大、做强、做优"到"大三步"中，三者关系体现为由低到高的螺旋上升过程，是不断满足人民群众对优质教育资源的需求过程。2021年是东职院办学历史中的第三个规划期，是"大三步"中由"做强"向"做优"深化探索的发展期。

1. 从初创期到首个规划期："初创"走向"做大"

"做大"表现为规模和体量的增量，在"三步走"战略中属于最低层次的实现。充足的财政投入、健全的领导机制和必要的制度安排是"做大"的先期保障。"做大"不是数量的简单叠加，而是按照"适切性"原则，在结构和水平上做出"量"的正回应。一般而言，适切性越高，职业教育的价值越大、贡献越高。比如，专业设置与产业发展的契合度，毕业生数量与市场需求的吻合度，毕业生知识结构、技能水平和职业素养与企业岗位能力、职业迁移能力和职业认同感的匹配度。在专业设置上，东职院面向东莞支柱产业，形成了以工科为主，兼顾文科发展的专业布局。在人才培养上，确立了创新型、复合型和应用型的"三型"人才培养方向。

需要注意的是，"做大""做强""做优"均非"过去时态"，亦非"完成时态"，而是"进行时态"。这意味着"做大"是在满足职业教育的适切性中，持续调整规模结构的过程。从东职院的发展历程中看，虽然它在第一个规划期中已经实现了"万人大学"的规模，在师资、投入等方面都已经到达一个相对比较靠前的体量，但是其办学规模在整个发展历程中都在发生变化。

从财政投入来看，2014—2022年度，东职院办学经费总体上呈增加趋势，由2014年度的2.95亿元发展到2022年的7亿元（图2-3）。财政投入的增大主要得益于两个方面的因素：一是生均拨款制度的兜底作用，使得东职院师生因应规模扩大增加了财政投入；二是学校发展平台带来了政策红利，促使政府设立项目专项，社会力量参与校企合作。其中，有三个时间节点值得关注：2014年、2018年和2022年。这三个年度分别是东职院"省示范校""省一流校"和国家"双高计划"建设的关键节点，市政府加大了对项目的支持力度，推动了东职院在人才引进、实训基地、实训实验室和关键技术研究等方面取得新突破，吸引了来自深圳模德宝科技有限公司、顺丰速运等企业近亿元的设备投入。

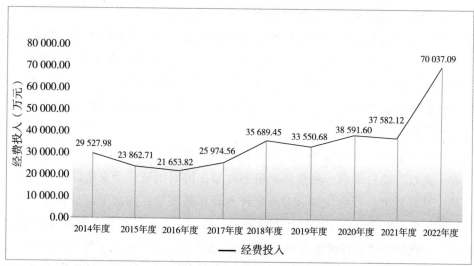

图 2-3　2014—2022 年度东莞职业技术学院经费投入发展

从东职院 2014—2022 年度师生规模变化来看，东职院的教师数量与全日制在校生数量是正向增加的过程（图 2-4）。2021 年度，为了适应学校层次"升级"的要求，学校对发展规模进行了小幅调整。将原来预期的 2 万学生规模控制到 1.5 万人以内，同时增加教师数量，尤其是高层次人才，以适应本科层次学校对师资、生均面积的要求。这个规模调整的过程，正是东职院不盲目追求量变，而是在发生质量改变的前兆下，做出适切性调整的表现。

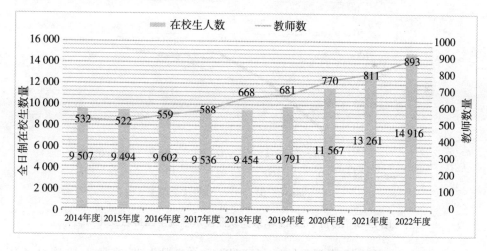

图 2-4　2014—2022 年度东莞职业技术学院师生规模变化

2. 第二个规划期：由持续"做大"转向"做强"

"做强"属于中等层次的实现，表现为职业院校学生发展能力、学校治理能力、学校办学资源、科研与社会能力的"强"，是学校在职业教育思想观念、设施设备、管理手段和"双师"素质等方面的先进性和领先性。在"做强"阶段，学校发展重心由"规模"向"内涵"发展转变，尤其注重职业教育的培养质量、治理体系和人文关怀。

2016 年以来，东职院通过持续实施"创新强校工程"，依托"省示范校""省一流校"项目平台，聚焦体制机制改革、协同创新、专业建设、教育教学改革、基础能力、社会发展和对外交流与合作等领域，确定了定量化和定性化的目标任务，提升了办学质量和办学水平，培养了上万名高素质技术技能人才，确立了一批国家级、省级重点项目（称号）及重点专业，形成了特色鲜明的"政校行企协同，学产服用一体"办学特色，在教师发展、科研与社会服务有关指标上进入全国前列。在第二个规划期，东职院实现了从"崭露头角"到"大放异彩"，办学条件、实习实训、教师队伍、招生就业、科学研究、社会服务等办学指标超出国家示范（骨干）院校指标值。据广州日报数据和数字化研究院（GDI 智库）发布的高职高专排行榜显示，东职院全国排名从 2017 年的 260 位发展到 2020 年的 101 位，2021 年提升至 78 位，综合办学实力大幅提升（图 2-5）。

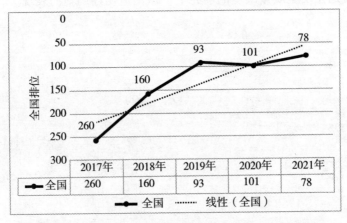

图 2-5　2017—2021 年东莞职业技术学院全国排名变化

（1）在教师队伍建设方面，东职院的"双师"型教师占比连续 4 年

（2016—2019年）超过国家示范校中位数8%，与国家骨干及省示范校中位数相比，保持10%的领先优势。"双师"型教师比由2016年的71.83%增长至78.8%。2020年东职院被广东省教育厅确立为广东省职业院校"双师型"教师培训基地，被赋予服务广大职业教育改革创新大局和教师个性发展需求的重任。

（2）在人才培养质量方面，第二个规划建设期内，东职院学生获得符合专业面向的职业资格证书比例与同类院校相比，领先优势明显。学生获得中级及以上证书种类数占比逐年提升，2019年达到88.9%，高出国家示范校中位数11个百分点。职业资格证书获取率的大幅提升，体现了学生职业技能水平的提升和职业生涯发展能力的增强。

（3）在区域贡献度上，自2014年以来，东职院培养的人才几乎全部留粤就业，除2022年外，七成以上毕业生留莞（图2-6）。2019年以来，毕业生留莞就业率呈下降趋势，部分原因是升学率的提升。2019—2022年间，学生升学率持续上升，分别是5.5%、8.9%、11.2%、18.7%。从整体上来看，东职院的人才培养区域贡献度依然突出，对于缓解珠三角地区，尤其是东莞经济社会的"高技能人才荒"发挥了重要作用。

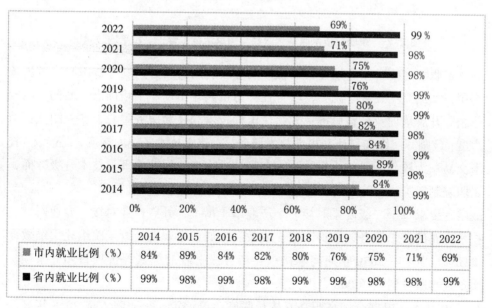

	2014	2015	2016	2017	2018	2019	2020	2021	2022
市内就业比例（%）	84%	89%	84%	82%	80%	76%	75%	71%	69%
省内就业比例（%）	99%	98%	99%	98%	99%	99%	98%	98%	99%

图2-6 2014—2022年东莞职业技术学院区域贡献度变化

（4）在科研和社会服务方面，东职院加速融入粤港澳大湾区先进制造中心建设进程，与华为、维沃、华中科大工研院等机构深度合作，建设了国家级协同创新中心、国家技能大师工作室、省级工程研究中心等平台，联合培养了一批国家级创新团队、省级技术能手和科技特派员，在授权发明专利、制定行业标准、科技进步奖方面取得突破。据人才培养工作状态数据平台显示，第二个建设期内，东职院技术服务到款额逐年递增，2019—2020年度连续两年超过国家示范（骨干）校平均值（图2-7）。

	2016年度	2017年度	2018年度	2019年度	2020年度
——技术服务到款额对比图国家示范（骨干）平均数	554.26	394.16	913.44	1100.2	1167.28
——技术服务到款额对比图东莞职业技术学院	301.51	522.99	655.31	1318.4	1580.63

图2-7　东职院技术服务到款额与国家示范（骨干）校平均数对比

东职院的技术服务途径：①积极响应政府购买服务，发挥智库和决策咨政作用；②成立"社区学院"，联合社会力量共建镇街职工培训点，面向"政校行企"开展培训及公益服务；③组建工程技术和社会服务中心，加强团队支持力度，鼓励开展纵向科研和横向技术服务；④建立技术经纪人制度，促进以"技术交易"为核心的科技成果转化。在服务中小企业经营管理与技术升级方面，东职院制定了"一院一品一特色"的发展思路，实施"专业强镇""专业强产"战略，要求每个二级院系对接一个产业镇（街），开展产业对接、专业对口、技术对路的技术服务，取得了明显成效。比如，东职院经管学院组建了绩效评价团队，2016—2020年期间承接东莞市各级财政的绩效评价项目400余项，实现技术服务到款额800余万元。

2019年，根据全国高职高专校长联席会议评定，东职院入选2018年高等职业院校教学资源 50 强，反映了其硬件资源、教学资源、课程资源、校企合作资源四个维度在职业教育的领先地位。东职院通过提升办学水平和人才培养质量，增强学校在区域经济社会中的依存度以及在职教领域的话语权，进而发挥学校在社会各个层面的影响力，提升了社会对学校的认可度和学校在各个方面的话语权。

专栏

"创新强校工程"

"创新强校工程"是广东推动高校分类、有序、协调、持续发展，促进高校综合办学实力和服务创新发展能力不断跃上新台阶的抓手，是广东省高等教育"冲一流、补短板、强特色"的创新举措。

为贯彻落实《广东省人民政府关于推进我省教育"创强争先建高地"的意见》和《广东省人民政府关于创建现代职业教育综合改革试点省的意见》等文件精神，加快建设高等教育强省，打造南方教育高地，2014—2021 年期间，广东省教育厅、财政厅分三轮启动了"创新强校工程"建设，其中第一轮建设期为2014—2016 年，第二轮建设期为 2016—2020 年，第三轮建设期为 2019—2021 年。

"创新强校工程"坚持创新引领、分类指导、自主建设和统筹推进原则，由广东省教育厅组织全国专家团队，依照分类考核体系对全省高职院校进行年度考核评审，并公布考核结果。考核结果与"创新强校工程"奖补资金挂钩。

3. 第三个规划期至中长期：由"做强"迈向"做优"

"做优"表现为学校丰富的办学资源、优秀的办学传统和现代的办学形态，是一种高层次的发展，是一种物质资源、精神风气、制度文化的凝练，其不仅需要时间的历练，还需要办学过程中物质和观念的积淀。

2020 年，在"十三五"收官之际，东职院收获了其创建至今最好的一份成绩单,被确立为"双高计划"立项建设单位,正式入选职业教育发展平台的"国家队"。从"省示范校""省一流校"到国家"双高计划",除了增强东职院的赋能能力,还增进了东职院发展的自信,使其在 2017 年第一次党员代表达会中提出的"二次创业"有了更为坚强的保障和实现潜力。"做优"的过程,是"当地离不开、业内都认可、国际可交流"的过程。

"当地离不开"要求东职院在东莞经济社会发展的不同阶段,持续发挥人才红利,在最大限度上满足粤港澳大湾区的技术技能人才需求,在行业和产业的人才供给中发挥不可替代的作用;实现毕业生更充分、更高质量的就业,使培养的人才的知识、能力和素养吻合产业发展的需求。"业内都认可"要求东职院在教育领域和产业领域发挥突出贡献,在发展职业教育类型特色、促进科技进步和服务终身教育方面发挥明显促进作用,使学校在产教融合中成为企业和行业的"首选项"和"必选项",使学校在技术创新、技能积累中成为社会公众的"源头活水"。"国际可交流"是东职院解决国际品牌打造问题,推进学校国际化发展,形成能被国际同行认可、借鉴的办学标准和推广经验。"国际可交流"的前提是"特色"和"一流",是能代表区域乃至国家在某个方面的鲜明特色和最高水平,在理念、资源、模式、标准上,经国际检验并行之有效。

"做优"并非简单的数据优化或者发展平台的"国字号化",它是学校周期长、内容全、要求高的系统发展。因此,从现在开始到 2035 年,包括东职院在内的高职院校,要特别珍惜每一个规划期的内涵建设和层次发展,围绕"做大、做强、做优"战略,有序推进各个阶段、各个层面的高质量发展。

综上,东职院从初创期到第一个五年收官期的六年间,是从零到"做大"的过程,表现为学生规模、人力资源、教学资源和资产设备的扩充到达高职院校办学指标的前列水平。东职院第二个和第三个五年是"做强、做优"的高位推进,是"大三步走"战略的持续实施,表现为在各个领域崭露头角、在某些领域具有较强影响力、在综合上排位靠前。从 2021—2035 年,将是东职院"做优"的过程,最终实现学校办学水平高度化、人才培养优质化和治理水平现代化。通过"提质、扩容、升级、赋能"的发展战略,扎实推进国家"双高计划"和办学层次的提档升级,是东职院"做优"的必然选择。东职院"做大、做强、做优"的"三步走"战略有助于处于发展初阶的新建院校在一个既定的时间框架内，锚定战略定力，通过 15 年乃至更长的时间来围绕一个宏观、长远的目标而努力。

专栏

广东省示范性高等职业院校建设项目

　　为贯彻落实《国务院关于大力发展职业教育的决定》和《中共广东省委 广东省人民政府关于大力发展职业技术教育的决定》精神，打造广东高职教育品牌，加强高职院校内涵建设，推动广东高职院校深化教育教学改革，提高人才培养质量，"十一五"期间，广东省教育厅、财政厅决定分期分批实施省级示范性高等职业院校建设项目，建设 20 所省级示范性高职院校，最后立项 29 所（含 4 所认定）。省示范校建设项目分三批建设，分别是 2007 年、2010 年和 2013 年。省示范校是广东省在 21 世纪引领职业教育优质发展的重要举措。

广东省示范性高等职业院校名单

序号	学校名称	批次	序号	学校名称	批次
1	深圳职业技术学院	第一批	16	广东食品药品职业学院	第二批
2	广州番禺职业技术学院		17	东莞职业技术学院	
3	广州民航职业技术学院		18	广东工程职业技术学院	第三批
4	广东轻工职业技术学院		19	广东科贸职业学院	
5	顺德职业技术学院		20	广东女子职业技术学院	
6	广东交通职业技术学院		21	广州体育职业技术学院	
7	广东水利电力职业技术学院		22	中山职业技术学院	
8	广东机电职业技术学院	第二批	23	佛山职业技术学院	
9	广东工贸职业技术学院		24	珠海城市职业技术学院	
10	广东农工商职业技术学院		25	清远职业技术学院	
11	广东外语艺术职业学院		26	深圳信息职业技术学院	认定
12	广东岭南职业技术学院		27	广州铁路职业技术学院	
13	广州城市职业学院		28	中山火炬职业技术学院	
14	江门职业技术学院		29	广东科学技术职业学院	
15	河源职业技术学院				

三、区域一流高等职业院校的展望

　　"十四五"期间是中国职业教育高质量发展的提档增速期，对于很多职业院校而言，打破职业教育的天花板将在法律上和制度安排上迎来窗口期。但是不确定因素依然存在，地缘政治角力、国际贸易争端、病毒大流行等威胁正在试图重塑我们的观念和生活图景。对于职业教育而言，教学形态和教学内容如何追赶社会和技术变革的步伐？如何适应外围环境变化带来的压力？如何发展面向世界、普遍认同的办学模式、人才规格，以及能被证实先进的职教范式？这些都是一流高职在未来需要直面且给出答案的问题。对于东职院而言，其"建成具有东莞特色的全国一流职业技术学院"愿景有以下几个方面的着力点。

（一）一流治理

1. 健全多方共治的机制制度

一流高职需要一流的治理。与以往相比，现代高等职业教育承担着建设技能型社会、促进人的终身学习等社会责任，高职院校治理不仅需要校内各类人群的参与，还要求社会公众及有关机构代表介入。因此，构建校内外各界人士参与的现代高职管理机制或制度，并且使其在办学中发挥作用，是东职院推进治理现代化的首要前提。而现实情况是，有相当多的职业院校为了应付评估、考核设立形式层面的机构，如理事会、监事会、校友会，或者迎合检查需要而仓促出台不具备执行力的制度。这种滥竽充数的做法并不能成为高职现代发展的变量，无法改善高职院校的治理环境，对于推动院校内涵发展亦无助益。在中国高职教育高质量发展的时代大流中，一流的高职要有"刮骨疗伤"的勇气，做出实质改变。

2. 妥善处理校内外关系

职业院校因其和政府、产业的紧密联系，需要处理好三者之间的治理关系。其一，高职院校与政府的关系是高职教育发展中的关键问题。政府是高职院校的主要支持者，高职院校办学要满足政府需求，服务社会发展需要。因此，学校在与政府互动的关系中既要明确服务发展定位，也要在既定的框架内，发挥高等教育的"自治"功能，避免管理的行政化，实现"他律"与"自治"的平衡。此外，还要发挥办学自主权，在"管办评分离"中，坚定中国特色社会主义大学的办学方向，回答好"为谁培养人，培养什么样的人，怎样培养人"的教育命题。其二，高职院校要正确处理自身发展与产业发展二者之间的利益关系，就无法绕开来自产业的视角。出于对高职院校发展"双师型"教师队伍的考虑，高职院校在"教授治校"方面要充分考虑具有产业背景和企业工作经历的知识分子的意见。由此，在学校专业设置、发展规划、项目建设等学校重大发展事务的学术评议事项上，要充分听取来自产业方面的意见和建议，在参与主体、治理方式、决策范围中增强包容性、透明性和民主性。

3. 要完善与国家治理体系相匹配的现代高职治理结构

国家治理体系是在党领导下管理国家的制度体系，包括经济、政治、文化、社会、生态文明和党的建设等各领域体制机制、法律法规安排。高职治理结构要以此为遵循，优化高职内部的主体在高职内部事务决策中的权力关系，完善法人治理；根据即将修订颁布的职业教育法，修订学校章程及有关制度。办学过程中，高职院校应更加尊重管理者、教师、学生、产业（企业）代表等行为主体的权力和合理诉求，建立必要的治理机构并使其发挥作用，避免权力运行中的错位、越位和缺位。加强各个权力行为主体的法治意识，增进权力主体之间的互信，提高各方在校务中的参与度，并发挥各自的角色作用，履行相应的责任，促使各方的权益都得到应有的尊重和发展。

（二）经费投入

1. 坚持生均拨款制度稳中有增

"一流高职"必然是设施设备、师资储备等办学资源的领先性，需要雄厚的财政实力予以保障，因此必要而充足的经费投入是一流高职能否实现的物质基础。据联合国教科文组织测算，职业教育办学成本应是普通教育的 3 倍左右。目前从整体上来看，我国高等职业教育的投入偏低，仅占高等教育投入的19.70%，不足普通本科高校的 1/4，与高职高专在校生近半的高等教育规模的占比不匹配。[①]东职院的生均拨款制度与全国同类院校相比，曾经占有一定优势。近年来，随着职业教育发展环境的变化，许多新办院校的生均拨款制度追平乃至超越了东职院，后者曾经引以为豪的"政府投入力度大"优势正逐渐削减。当前，东莞已经迈入了"双万"城市，成为中国第 24 个 GDP 超过万亿的城市，人口也突破千万，为东职院推进高质量发展提供了强大的财政和人力资源储备。东职院应把握这一波优势，从纵向和横向比较中明确东莞职业教育的当前定位

---

① 中国教育科学研究院，全国职业高等院校校长联席会议 .2021 中国职业教育质量年度报告 [M]. 北京：高等教育出版社，2022：65.

和发展方向，在坚持现有生均拨款制度基础上，通过争取学费以及其他办学经费拨付的方式，提增学校经费总量。

2. 打好"综合＋专项"组合拳

现阶段，地方政府对高职院校的财政投入主要采取"综合定额＋专项投入"的财政补款方式，其中生均拨款制度主要依据学生数量进行资金分配，学生的数量决定了财政拨款的总额。但是，本科层次学校对生均占地面积等指标提出了要求，在土地面积扩增难度大的前提下，只有控制学生规模才能满足有关指标的要求，从而对高职院校的财政投入形成了制约。为此，高职院校除了要在生均拨款制度上得到保障，还要积极争取增加各级财政的专项投入，如中央财政、省级财政，发挥校际联席会议制度在财政投入上的咨询、评估和监管作用，增强政府部门发展职业教育的信心和决心。

3. 增强经费自筹能力

职业院校要完善财政投入绩效评价制度，加强预算管理和执行管理，发挥财政资金效益。东职院除了要争取公共财政加大投入，还应该增强办学经费的自筹能力，开发人力资源、校办企业的增值优势，发挥人才红利，盘活各方资源要素活力，进而多渠道筹措资金。比如，通过发行高等教育专项债券的方式，吸引社会闲散资金到职业教育领域中来。根据政府部门制定的财税等优惠政策，通过行业企业捐赠设备、设立奖教奖学金、教育基金会等方式，加大对职业教育的投入。

（三）追求卓越

1. 提升办学层次

一流高职的实现之路是高职追求卓越之路，主要包括提升办学层次、彰显职业教育类型特色两个方面。2021 年 5 月，东莞市人民政府印发了《东莞市国民经济和社会发展第十四个五年规划和 2035 年远景目标纲要》，明确"支持东莞职业技术学院通过本科层次职业教育试点，争取建设本科层次职业技术大学"。2022 年 2 月，教育部印发的年度工作重点，提出要在"推动职业本科教育稳中有进"上有所突破，提出要完善职业本科学校设置标准和专业设置办法，支持符合条件的国家"双高计划"建设单位独立升格为职业本科学校，支持符合产教深度融合、办学特色鲜明、培养质量较高的专科层次高等职业学校，升级部分专科专业，试办职业本科教育。目前，东职院基本符合本科层次职业学校的设置标准，启动了本科层次职业学校设置规划申报工作。从当前的发展势头来看，通过5—10年的时间，东职院在国家职业教育改革实施框架内，实现办学层次提升的可能性很大。

2. 坚持特色发展

在类型特色方面，东职院在"十四五"规划中明确了持续探索、完善"政校行企协同"的办学模式。该模式是东职院在过去10多年的探索中，在坚持校企合作、产教融合中凝练出来的"东莞特色"。东职院在深化特色中要形成产教良性互动、校企优势互补的发展格局；在招生上，一流高职需要一流的生源，所以东职院应按照"文化素质＋职业技能"考试招生办法，做好学校的招生工作；在职教本科试点方面，做好职业本科专业试点工作，做好专业设置、培养目标、课程体系培养方案衔接，提高学校本科专业的吸引力；在教育类型融通方面，持续推进"1+X"证书试点，实现各类学习成果的认证、积累和转换。

（四）国际化

1. 服务国家发展战略

国际化是一流高职院校建设与评价的重要维度。国家职业教育现代化的顶层设计、制度安排，以及围绕其设立的重大建设项目均对高职教育国际化提出了要求。一流高职需要在"走出去""引进来"和"服务产能合作水平"上发力，要将职业教育的国际化进程汇入国家的对外开放发展战略中来，积极服务"一带一路"重大倡议，服务"中国制造2025"，提升国际产能合作水平。

2. 创新合作发展方式

短期来看，职业教育国际化进程在病毒大流行、地缘政治冲突等不利因素中会有所放缓，但不会停下脚步。全球化和信息技术变革已经为人类在各个方面的合作交流打开了通道，中国政府也将对外开放作为发展战略之一，"一带一路"重大倡议、"海上丝绸之路"、粤港澳大湾区等平台为中国职业教育国际化发展提供了驱动。因此，一流高职的国际化依然大有可为。一要借助信息技术优势，丰富国际交流合作形式，建立"互联网＋学院"、国际课程资源库、国际师资库，通过"线上＋线下"的方式，引进优质职教资源和标准。二要加强学校国际化能力提升，发挥学校留学归国人才、外籍教师以及具有外资企业

（机构）工作经验的教师的作用，加强外语教学改革，开展专业国际认证，开拓学生国际视野，更新教育教学理念，增强师生国际交往能力。三要积极服务中资企业"走出去"。面向国内战略性新兴产业和支柱产业，通过译介等方式，更新行业前沿技术信息，为产业发展提供方向。四要提升学校在职业教育国际领域的话语权，积极参与课程国际标准的开发与制定；通过国际学术论坛、讲座、研讨会等形式积极发声，宣传和推广办学特色、办学模式和发展经验。五要加强特色凝练与优秀传统推广。"越是世界的，越是民族的"，职业院校要在探索自身特色、经验和区域优秀文化传统中，形成可供国际交流、推广的特色资源，丰富人类命运共同体的物质和精神内涵。

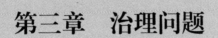

第三章　治理问题

中国职业教育体系取得了空前的发展。如果说从 1949—1991 年是中国职业教育的 1.0 时代，是奠基式发展阶段；从 1992—2013 年是中国职业教育的 2.0 时代，是规模发展阶段；那么从 2014 年至今，中国职业教育进入了内涵式发展的 3.0 阶段，是从规模发展向质量发展的阶段。1949 年，职业教育方面，中专和中技仅有全日制在校生 20 余万人；而到了 2019 年，在职业教育经过 70 年的发展，职业院校数量达到 11 647 所，全日制在校生超过 3 000 万人，专任教师总数达到 1 332 万人，做到了全国省区职业教育和培训全覆盖。

中国职业教育的规模扩大需要与之适应的、健全的管理模式和系统的评价标准。尤其在规模扩张、体系交叉下，如何保障不同类别的教育者在升学、就业、社会优待、质量保证和评选评价等方面享有同等权利，是"百万扩招"背景下促进职业教育公平的新命题，是职业教育治理的关键。而现实情况是，一些职业院校办学水平参差不齐、师德师风薄弱、质量监控不到位，社会办学机构良莠不齐影响了职业教育的社会声誉，制约了学校发展。高等职业教育招生人数剧增，加上由此带来的多元化生源和疫情管制措施影响，迫使职业教育在教学管理模式上做出改变，创新教学组织方式和课堂形式。

万变不离其宗，质量始终是根本。高质素的教师队伍、灵活的教学组织方式和严格的质量监控是保障受教育者教育公平之必要元素。在职业教育高质量发展新阶段，职业教育要增加在教育资源方面的投入，以适应规模扩大对教学设施的要求。比如，充足的教师数量、足额的生均教学设施、优质的教学资源。同时，严把质量关，在教师队伍的引才用人方面避免近亲繁殖、唯亲是用，做到依法治教、严谨治学；在治理上，深化"去行政化"改革，探索共同治理的模式，进一步繁荣学术文化，是职业教育现代治理的努力方向。

第一节　高职扩招：职业教育的公平与使命问题

实施高职扩招是党中央、国务院在 2019 年《政府工作报告》中作出的重大决策，是落实《国家职业教育改革实施方案》的重要举措。2019 年 5 月，教育部发布了《高职扩招专项工作实施方案》，明确在 2019—2020 年职业技能培养 3 500 万人次以上，高等职业教育扩招 200 万人，提升劳动者技术技能和就业能力。经过三年来的实践，高职扩招任务圆满完成，三年内共完成高职扩招 413.31 万人。

高职"百万扩招"计划的实施，对高职转变教学管理模式提出了新的要求。相较于传统的教学管理模式，高职扩招学员的授课主要集中在周末，授课地点分散在不同区域。基于学校为中心的教学管理和质量监控模式难以适应分布式的高职扩招教学点和结构多元的扩招学员管理要求。同时，高职教育对实训教学时间和实践场所都有较高要求，要求与岗位具有较高的匹配度。因此，如何在复杂的生源背景下，高职教育既保障教学质量，又保障扩招学员的教育权益，高质量完成高职扩招人才培养任务，成为高职扩招教学管理亟待解决的问题。

一、高职教育传统教学管理模式与特征

高职"百万扩招"教学管理主体是高职院校和承担扩招教学任务的教学点，其遵循高职教学管理的一般规律，在管理模式、管理内容上具有同质性。同时，由于高职教学管理对象的差异化，对教学管理过程和方法又有不同的要求。

（一）高职教育传统教学管理模式

高职院校传统的教学管理环节包括决策环、管理环和执行环三个方面。管理架构上，对应了学校领导决策、教务处等职能部门管理、教学单位执行三个层级。决策层由主管教学的学校领导负责，经由行政程序决策的战略规划、制度文件，确定学校中长期或者年度教学方向；教务处和质量监控部门在学校中心工作下，制定总体工作目标和具体目标，明确教学改革重点，最终下达到二级教学单位执行。这种管理架构一般呈垂直式或者横向延伸式，基层教学单位通过诊改、评教、评学途径，反馈改进的意见建议，形成一个半闭环的管理回路。管理流程上，由教务处统筹管理，由质量监控部门（质量管理办公室、教学督导室）监控教学质量，二级教学院系对教学管理部门的意志进行转化，落实到日常教学中来，主要包括设置教学任务、安排教学活动、开展学生学籍管理、开展教学评价管理、日常教学管理、实践教学管理等内容，形成一种半开放的、具有反馈环的管理系统（图 3-1）。

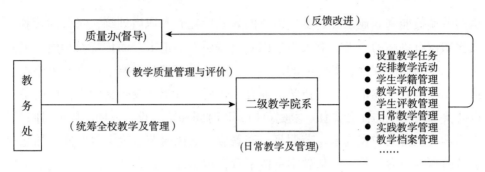

图 3-1　高职院校传统教学管理模式运行

（二）高职教育传统教学管理模式的行政化特征

首先，高职传统教学管理模式是对我国教育管理模式的因袭，是科层制在教学管理中的应用。它是高职院校针对内部教学事务以行政手段而下达指令，从而对教学工作及其业务进行控制，并使其自上而下贯通教学环节的过程。以教学职能部门为管理主体，以二级教学院系为执行主体，操作模式上具有明显的行政化特征。行政化的管理模式促使人们最低程度地服从和遵守行政指令，对于鼓励教职工积极进取、承担责任和发挥主观能动性并无太多助益。其次，传统高职教学管理模式对于寄宿制的全日制生源具有较强的适应性，它能在一个相对稳定的群体规模和结构中，沿袭自基础教育以来的管理模式。这对被管理者而言不会引起太大的反弹，对于从事教学管理工作的教务员、教学管理人员而言，也不会带来过多的挑战。再次，百万扩招计划实施下，扩招生源呈现多元化特征。社会生源来自各行各行，生源的婚姻状况、经济能力、社交经验、心理状态等较全日制在校生都更加复杂，教学管理的行政指令对扩招生源的约束力相对较弱，因此对教学管理人员的管理服务素质和沟通能力提出了更高的要求。

二、高职教育扩招教学管理的挑战

（一）传统教学模式难以适应多元化生源的新需求

第一，从职业教育本体来看，高等职业教育是研究应用和实践领域的高等教育，其课程要求能为受教育者提供优质的职业训练，促进受教育者在劳动分工中更加熟练地掌握劳动技能。高职扩招学员普遍处于劳动一线，拥有比较熟练的劳动技能和职业素养，学员需要的是职后提升和职后训练，对劳动素养、文化知识有更高的要求，对大学氛围有更深层次的追求。而传统教学模式更多的是学生的职前训练，其学习的内容、层次、进度都和扩招学员有较大差距。第二，从学习主体来看，扩招学员拥有比普通全日制在校生更为丰富的阅历，也需要承担更多的社会责任、家庭负担，其时间和精力投入有限。授课时间上，扩招学员主要集中在周末、节假日、寒暑假、农闲时节、晚上等时间，加剧了学员的精神压力。第三，从教学主体来看，承担高职扩招教学任务的除了学校本身，还有校外参差不齐的教学点。教学点分布不集中、管理水平不高，难以适应学员对学习便利性和高质量教学效果的要求。

（二）现有管理制度难以适应校外管理的新要求

首先，高职院校传统教学管理方案主要面向全日制在校生制定，在招生管理、课程管理、学分管理、实习管理、就业管理等方面有明确的要求，形成了系统的管理体系。这主要得益于高职学生的身份单一性和学习生活范围相对封闭性。其次，扩招学员来自校外的企业单位，学员身份多元。他们除了是学校的学生，还是企业员工，在社会中还扮演着不同的角色，对传统教学管理模式下扩招学员学习的时间、地点、方式和内容都提出了较大的挑战。再次，现有的教学管理监督机制缺乏弹性，约束力较弱，保障力度不足，落实到学生培养、人才培养、质量监控等方面的政策制度还有待进一步下潜。因此，以学校教学监控为中心的传统教学管理模式显然并不适用于校外教学点。

（三）新冠肺炎疫情下高职扩招教学资源的供给侧提出了新要求

受新冠肺炎疫情影响，教育资源的需求与供给不平衡进一步放大。一方面，高职院校招生人数的急剧增加，给高职院校直接带来的影响是师资、教学场所、仪器设备等资源供给跟不上扩招速度，给学校办学带来巨大挑战，需要深化教育教学改革研究和实践，实现质量型扩招，提升人才培养质量。另一方面，在新冠肺炎疫情冲击影响下，国内国际经济形势更是呈现出前所未有的复杂格局，民办教育机构的投入相应不足，客观上会影响高职扩招教学质量。

三、高职教育扩招教学管理优化路径

（一）加强顶层设计，以质量管理模型指导管理实践

PDCA 循环理论是美国知名学者休哈特首先提出的，该理论分别代表四个层次，即计划（Plan）、执行（Do）、检查（Check）和处理（Act）。PDCA循环理论强调计划、执行、检查和处理这四个层次需要按照特定的顺序来进行往返循环，使人们能够在该循环中发现和解决问题，并将上一循环中没有解决的问题继续在下一循环中进行解决。

高职扩招背景下，针对经济下行、新冠肺炎疫情等多重冲击，高职院校应该建立质量管理意识，科学构建从招生、宣传、培养到输出的管理模式，贯通招生、培养、就业多个核心环节，打破招生就业、人才培养和教学管理的信息孤岛，突破传统教学管理模式的适应性不强、反馈不及时、监控不到位的弊端。

（二）坚持学员主体地位，加强过程管理，建立多元评价模式

1. 牢固树立学生主体意识

在教学管理环节中，要始终关注学生的学习获得感，提升学生学习成效。针对学员的多元化特征，按照"有教无类"和"因材施教"理念，结合职业教育类型教育特点，完善高职扩招管理制度；重点要加强对校外教学点的监控，建立教学督导巡查制度和学生学习成效反馈制度，保障学生学习成效；建立专兼结合的班主任、辅导员制度，完善校外学员与学校教学管理人员的信息沟通渠道。

2. 构建多元化教学组织形式

采用集中教学与分散教学相结合、校内教学与校外教学相结合、线上教学与线下教学相结合等方式，灵活进行教学组织形式的组合，充分利用在疫情期间建立的在线资源为同学教学服务；完善成果认定与转换制度，即扩招生已有的工作技能达到一定的水平或者已考取相关技能证书可申请转换学分或免修相应课程或者模块。

3. 加强实习管理

采用集中实习和自主实习相结合的方式，充分发挥校企合作作用，校企双方建立灵活的实习管理模式，并探索灵活的考核评价模式，建立多元评价体系，重视过程性考核，重能力、轻分数，加大实操类内容考核比例。

（三）健全激励与保障机制，发挥高职扩招教学与管理人员的积极性

1. 推动高职教师观念转变，创新高职扩招教学模式

根据扩招学员的知识能力结构，开展项目教学、案例教学、情景教学、工作过程导向教学，广泛应用线上线下混合教学，促进自主泛在个性化学习。定期开展教研活动，研究解决教学组织运行、课程结构内容、学生管理与考核评价等方面的新情况、新问题，关注扩招生源对教学内容、培养方式等方面的意见建议。

2. 严格保障高职扩招教师和管理人员的合法权益

在高职扩招学员教学中，许多教学任务都在校外教学点以及周末、节假日进行，教学管理人员需要付出更多的时间和精力来与校外学员、教学机构进行沟通。为此，学校应该通过加班补贴、通信补贴等方式，加大补贴力度，激发教师承担扩招学员教学任务的积极性。

3. 加大教学与管理人员培训

面对高职扩招任务的复杂性和多样性，学校应该加大对教学与管理人员的培训力度，尤其对教学规程、管理与服务理念、教育教学法规等方面的培训，提升教学与管理人员的教学能力和管理服务水平。

第二节　管办评分离：职业教育第三方评价反思

教育管办评分离是全面深化教育领域综合改革的重要内容，是协调和理顺政府、学校以及社会三者之间关系的根本性举措。长期以来，我国教育领域内的体制机制改革滞后于社会经济领域的管理体制改革，造成学校教育服务供给与社会经济发展需求错位，影响了教育的可持续发展和人才队伍的培养。为了解决这一问题，2015年教育部印发了《关于深入推进教育管办评分离促进政府职能转变的若干意见》，明确提出"推进管办评分离，构建政府、学校、社会之间新型关系"，同时提出了实施教育领域管办评分离改革的具体路径和办法。

职业教育领域的管办评分离改革为引入第三方评价创造了条件。2017年，中共中央办公厅、国务院办公厅印发了《关于深化教育体制机制改革的意见》，

文件要求"健全第三方评价机制，增强评价的专业性、独立性和客观性"，由此正式将教育第三方评价纳入教育体制机制系统。2019年2月，中共中央、国务院印发了《中国教育现代化2035》，再次提出要"加快完善社会力量参与学校管理和教育评价监管机制，实现社会参与教育治理常态化"，为社会性第三方评价机构全面深度地参与职业教育发展提供了长效性制度保障。

当前，我国职业教育领域的管办评分离改革逐渐走向深入发展阶段，而第三方评价仍处于初步探索阶段。在教育管办评分离的改革背景下，要加快构建职业教育第三方评价机制，探索基于管办评分离的职业教育第三方评价路径，为我国职业教育评价体系改革提供有价值的指导。

一、管办评分离与第三方评价互动关系

管办评分离为职业教育第三方评价创造了有利条件。从2010年颁布的《国家中长期教育改革和发展规划纲要（2010—2020年）》到2013年颁布的《中共中央关于全面深化改革若干重大问题的决定》，再到2015年教育部印发的《关于深入推进教育管办评分离促进政府职能转变的若干意见》，国家政策文件中对教育管办评分离的表述经历了一个由片段到系统、由宏观到具体、由倡导到要求的过程。在职业教育管理体制改革深入推进的背景下，职业教育第三方评价机制从无到有，得益于管办评分离改革为第三方评价创造的优越制度环境，社会性第三方评价机构亦纷纷参与职业教育办学，使得职业教育各办学主体之间相互协调、相互制约的治理结构逐步形成，我国现代职业教育治理体系也初具雏形。

具体来看，职业教育管办评分离为开展第三方评价创造的有利条件主要体现在两个方面。其一，管办评分离改革为第三方评价奠定了制度基础。众所周知，长期以来，我国职业教育管理体制的行政色彩浓厚，职业学校无论是重大校务的管理决策还是办学成效的检查评估的相关权力都集中在地方教育行政部门手中，职业教育的众多利益相关主体如教师、学生、企业、教育研究机构都无法有效地参与职业学校的办学评估工作。正是由于国家连续多年积极推动教育管办评分离，并要求地方建立健全政府、学校、专业机构和社会组织等多元参与的教育评价体系，职业教育第三方评价才取得了制度合法性。其二，管办评分离改革为第三方评价的开展提供了必要条件。办学评估监测既是一项系

统性很强的工作，也是一项专业要求极高的工作。开展职业教育第三方评价，不仅需要一支精通职业教育发展规律、熟悉职业教育办学实务的专业人才队伍，也需要职业学校管理者、师生等群体的积极配合，还需要一系列实施评估、监测工作的工具和手段。各级教育行政部门作为地方职业教育管理和评估部门，拥有整套成熟的教育评估监督资源，而社会性第三方评价机构在专业化方面有较强的积累，建立了成熟完善的评估体系、方法和流程。在管办评分离改革的背景下实施第三方评价，能够充分整合教育行政部门的资源优势和社会性第三方评价机构的专业优势，从而为第三方评价工作的开展提供必要条件。

（一）第三方评价有利于深化管办评分离改革

健全第三方评价机制、委托社会组织开展教育评估监测是职业教育管办评分离改革的重要内容。在教育管办评分离的背景下积极推进职业教育第三方评价，不仅是贯彻落实国家政策的必然要求，也有利于深化职业教育管办评分离改革。

1. 实施第三方评价是深化管办评分离改革的突破口

教育管办评分离的主要目的之一是依法明晰政府、学校、社会之间的权责边界和关系，而在教育评价中，只有让职业教育多元利益相关主体都参与教育评价和监测过程，才能更全面、准确、公正地反映职业学校的办学成果，才不会让评价结果失之偏颇。教育第三方评价机构具有独立性、自主性、社会性、专业性等特征，既不隶属于政府部门，也跟学校没有利益牵连，同时又拥有专业优势和社会主体身份。因此，实施第三方评价更有利于提高相关评价结果的公信力，也有助于构建合理的教育治理格局。

2. 实施第三方评价有利于进一步纾解政府的行政管理压力

教育评价是一项系统性工作，流程长、事务繁杂、牵涉面广。在传统的教育管理体制下，地方政府和教育行政部门承担着职业教育办学、管理到评价等众多责任和事务，在政府"大包大揽"的管理模式下，教育管理相关工作往往粗而不细、杂而不精，难免出现种种疏漏。通过实施教育第三方评价，不仅有利于推动政府职能转变，促进各级教育行政部门由全能型管理者角色向监督型服务者角色过渡，推动教育管办评改革走向深入发展，同时还有利于减轻政府行政管理负担，推动政府全面评估区域教育质量，合理有效地分配资源。

（二）管办评分离与第三方评价是相互促进、不可分割的整体

职业教育管办评分离与第三方评价既是相互影响、相互促进的关系，又是一个相互联系、不可分割的整体。

1. 管办评分离改革内在要求是实施第三方评价

教育评价是促进教育管理效能提升、办学水平提高的重要途径，职业教育深化管办评分离改革，从根本上要求积极实施第三方评价。实施第三方评价能够通过构建多元评价机制，打破传统的一元化教育评价方式，更加系统、全面、立体地评估一所学校的办学成效。依据第三方评价机构收集的数据、评估的结果，教育行政部门可以更有针对性地实施教育管理，学校则可以制定出更有效的办学与教学措施，从而更好地促进职业教育的发展，也为进一步深化管办评分离改革开创了良好局面。

2. 第三方评价必须以管办评分离为逻辑前提

从实践层面来讲，教育管办评分离改革为第三方评价奠定了制度基础；从逻辑层面来讲，第三方评价同样必须以管办评分离为基本前提。管办评分离改革的核心在于一个"分"字，即细分职业教育办学工作内容，实现职业教育部门、资源、人才与办学、教学事务的精准匹配。就教育评价工作而言，只有职业教育办学实现了管办评分离，专业的社会性教育机构、研究机构才有可能参与到职业教育办学过程中来。

3. 管办评与第三方评价之间不可分割

首先，管办评分离离不开第三方评价。从深化教育体制改革的角度看，在职业教育领域引入第三方评价机制有利于管办评各项工作的平稳落实，同时还有利于及时总结和评估管办评分离各项工作取得的阶段性成效。可以说，第三方评价是管办评分离过程中必不可少的重要环节。其次，第三方评估离不开管办评分离改革。管办评分离不仅是第三方评价得以发展的基石，也是建立教育多元评价长效机制的推动力。只有坚持不懈地深入推进管办评分离，第三方评价才有可能实现可持续发展。从这个意义上来讲，管办评分离改革激活了职业教育评价行业，深化管办评分离改革则为第三方评价的发展开辟了广阔的空间。

二、构建职业教育第三方评价机制

（一）政府主导参与机制

构建政府主导参与机制是建设职业教育第三方评价机制的前置性条件。构建政府主导参与机制，需要做好以下三方面的工作。

1. 做好顶层设计，提供制度保障

职业教育第三方评价机制的构建和运行作为一项专业性、系统性极强的工作，需要政府加强顶层设计，提供强有力的制度保障。建章立制是政府决策部门的基本职能：一方面，各级政府要在充分进行调查研究、广泛听取各方意见的基础上，组织教育领域的专家学者加强研究，立足区域职业教育发展实际建立第三方评价制度；另一方面，地方教育主管部门要狠抓贯彻落实，确保职业教育第三方评价制度落地生根，取得实效。

2. 加强统筹规划，科学制定政策

实施职业教育第三方评价不仅需要调动政府、学校、社会等各方各界的资源，还直接牵涉职业教育办学的众多利益相关主体。这些特点凸显了政府统筹规划在第三方评价过程中的重要性。与此同时，现阶段作为第三方评价主体的社会性教育研究机构往往缺乏足够的资源，只有借助地方政府、教育行政部门的大力支持才能顺利完成评价监测任务。因此，各级政府要加强统筹规划，合理调动资源，提高各部门协同度，为职业教育第三方评价的顺利进行"保驾护航"。同时，各级政府和地方教育行政部门还要科学制定政策，提高相关措施、办法的精准度，给予第三方评价机构足够的支持和帮助。

3. 转变政府职能，正确引导实施

在当前职业教育管办评分离改革深入推进的背景下，教育第三方评价尽管发展迅速，但因起步较晚，在评价机制、评价方法、评价流程、评价工具、评价指标等方面还存在诸多不足，如果缺乏政府的介入和引导，很容易偏离正确的方向，适得其反。各级政府要在转变政府职能的基础上，以引导者、帮助者的角色介入第三方评价过程，监督和指导职业教育第三方评价的实施，把握正确方向，确保取得预期成效。

（二）第三方评价机构参与机制

教育第三方评价机构是有资质独立自主执行教育质量检测、学校质量评估、教师评价以及学生认知诊断等评价监督任务的社会性组织机构的总称，包括科研院所、公司企业、公益性组织等各种性质不同的主体。总体来讲，不同类型的教育第三方评价机构资源禀赋不同、专业特长各异。因此，在构建职业教育第三方评价机构参与机制的过程中，必须注重灵活度，以满足差异化评价需求，适应不同类型评价机构的工作方式，从而更加全面、立体、准确地评价区域教育发展和职业学校的办学成效。

1. 研究型评价机构

对科研院等研究型评价机构而言，相应评价机制的建立应注重理论研究与教学实践的结合考察，在具体评价项目上应根据地方教育法规、制度、政策的执行情况进行调研分析，以区域教育质量状况调研分析、职业学校办学水平评估、专业学科建设水平评估等宏观性、研究性内容为主，充分发挥研究型评价机构的专业特长。

2. 市场型评价机构

对公司企业等市场型评价机构而言，建立相应的评价机制应注重地方教育所创造的社会效益与经济效益的结合考察。市场型教育评价机构有两类：一是社会性教育咨询机构；二是各行各业的用人单位。尽管这两类机构参与职业教育评价的出发点和目的不同，但都关心地方教育发展对社会经济领域产生的影响。因此，针对该类机构的教育评价项目应当侧重学生认知诊断、师生综合素质评估、就业质量监测等方面，在充分发挥公司企业市场信息优势的同时，为职业学校办学提供更多的市场反馈。

3. 公益性社会组织

对公益性社会组织而言，建立相应的评价机制应当注重沟通协商渠道的健全和完善。公益性社会组织具有非营利性、热心公共事务的特征，是沟通政府、学校、社会的重要桥梁和纽带，既能帮助政府、教育行政部门宣传普及教育政策、法律法规，又能收集舆情反馈给政府相关部门。从其社会作用和运行特点出发，教育评价项目应当以区域教育投入及经费使用效益状况、教育热点及舆情分析反馈为主。

通过构建差异化的第三方评价机构全程参与机制，可以涵盖区域教育、职业学校办学的所有主要工作面及人才培养的全过程，从而建立起全面、系统、完善的职业教育第三方评价机制。

（三）施教机构事中参与机制

施教机构主要指各类职业学校。职业学校作为地方教育的核心主体，承担着向全社会输送技术技能人才的重要职能，是教育活动的主导者和执行者，对区域教育的发展最具"发言权"。在当前职业教育管办评分离改革向纵深推进的大环境下，实施教育第三方评价尽管要保证第三方评价机构开展工作的独立性和自主性，但并非意味着可以忽视学校的主体地位，更不能让学校主体"边缘化"，而是要注重与学校的良好互动，依托职业学校的教育资源和管理系统来做好评价监测工作，尤其要尊重学校主体参与评价过程的意愿，建立健全施教机构的事中参与机制，多倾听来自教育工作直接参与者的想法和意见。

1. 建立职业学校参与第三方评价全过程的制度

不论是针对区域教育发展状况的宏观性评价、针对具体施教机构办学质量和水平的中观评价，还是针对学校师生综合素质层次的微观性评价，都绕不开学校这一主体。职业教育第三方评价要顺利实施，必然仰赖职业学校的配合与支持，因此建立职业学校参与第三方评价全过程的制度就显得异常重要。地方教育主管部门应当引导职业学校和第三方评价机构在充分沟通、达成共识的基础上建立起共同实施第三方评价的协同配合责任清单，明确规定好双方的权利、责任和义务，同时明确职业学校参与第三方评价的形式、途径、范围，在保障第三方评价机构独立性、自主性的同时，最大限度地尊重学校的主体地位。

2. 建立学校师生的信息反馈机制

实施教育第三方评价避免不了与施教机构师生群体打交道，第三方评价要保证专业性、公正性，就要依托科学工具进行自主评价；第三方评价要保证客观性、务实性，则必须注重收集施教机构师生群体的相关信息，因此有必要建立学校师生的信息反馈机制。一方面，教育第三方评价机构应当通过调查问卷、座谈走访等形式充分收集职业学校师生的意见和信息，细致了解施教机构的实际办学状况、客观条件、发展动态等，丰富评价工作的信息来源；另一方面，教育第三方评价机构应当多听取职业学校师生的反馈意见，不断优化评价监测的工作形式和方法，及时纠正不当作为，确保第三方评价相关工作的顺利推进，并在正确的轨道上运行。

三、职业教育第三方评价的实施路径

（一）深化理论研究，科学确立价值取向

教育第三方评价的专业性、系统性决定了基础理论研究的完善程度将直接影响到第三方评价的实践水平和质量。我国引入并实施教育第三方评价的时间不长，尚未形成科学、系统的教育第三方评价理论体系，这是当前国内职业教育第三方评价推进缓慢、实践成效不高的重要原因。在职业教育管办评分离改革的背景下实施教育第三方评价，必须高度重视并着力加强基础理论研究工作，可以从以下几个方面着手，明确职业教育第三方评价的价值指向。

1. 加强教育基本规律研究，为第三方评价实践提供根本遵循

一方面，要加强教育第三方评价基本概念的研究，如评价主体、评价对象、评价指标、评价原则，从逻辑上厘清相关概念的内涵、作用和关系；另一方面，要加强教育第三方评价客观规律的研究，清晰认识到第三方评价的本质、关键点以及内在运行规律，提高评价实践的科学性和有效性。

2. 加强教育第三方评价理论与实践相衔接和转化的研究

在前期基础研究取得阶段性成果的基础上，必须加强教育第三方评价理论与实践相衔接和转化的研究。一方面，研究者要深入职业学校管办评分离改革与第三方评价工作一线，深入了解实际情况，完善基础理论；另一方面，研究者要根据实际情况制定个性化、差异化的理论指导原则和策略，提高理论的应用价值。

3. 加强第三方评价发展走向研究，明晰第三方评价的价值指向

实施职业教育第三方评价的重要目的是突出行业企业在职业教育办学过程中的主体地位和作用，重构教育领域政府、学校与企业之间的关系，为深化教育管办评改革提供动力支撑。如何让第三方评价成为未来我国职业教育评价的主流模式，是现阶段职业教育发展面临的重大课题。教育主管部门、职业学校应当组织专家学者加强职业教育第三方评价的前瞻性研究和探索，科学认识第三方评价的价值指向和发展方向，构建一套既能够完整体现出第三方评价目标，又能够服务于职业教育第三方评价实践，同时获得职教界广泛认同的理论体系。

（二）加快评价制度建设，规范职业教育第三方评价发展

制度是机制运行的框架和基石。实施职业教育第三方评价，必须以制度建

设为抓手，明确政府、学校、社会等各方评价主体的权利、责任和义务，以规范第三方评价方式的合理应用，促进职业教育第三方评价的法制化发展。开展职业教育第三方评价，加快制度建设，应重点从以下多个方面着手。

1. 加强立法工作，完善法律法规

法律法规是教育第三方评价的基础性制度。当前我国有关职业教育第三方评估的法律法规还不完善，导致评价工作的顶层设计和制度建设难以真正落地。同时，法律法规的缺位也在一定程度上导致第三方评价结果的公信力不足，难以使第三方评价工作走上规范化的发展道路。因此，国家应当加强教育第三方评价的立法工作，修订现行的教育法律法规，删除或者修改不利于第三方评价工作开展的法律条文，出台专项法律，明确第三方评价机构的法律地位，规定教育第三方评价的职责范围、权利和义务，细化教育第三方评价的法律责任。

2. 建立激励制度，调动评价主体积极性

教育第三方评价本质上是一种多元评价，要让每一方评价主体在评价过程中都能够切实履行责任、充分发挥作用，应建立科学有效的激励制度，调动各方评价主体的内在积极性。各级政府应当研究制定行业企业参与职业教育第三方评价的奖惩制度，对积极参与第三方评价并做出突出贡献的社会组织、公司企业以及个人给予一定程度的荣誉和物质奖励，对消极应付第三方评价工作任务的社会组织、公司企业以及个人则应酌情进行相应的惩罚，确保第三方评价的持续健康发展。

3. 建立再评价制度，提高第三方评价效益

第三方评价不是"一锤子买卖"，更不可能一劳永逸地解决职业教育领域的各种问题，所以建立针对第三方评价的再评价制度就成为一项非常有必要的工作。在职业教育第三方评价取得一定成果后，应当适时组织教育主管部门、学校、教育研究机构的相关人员组成再评价小组，针对前期的第三方评价方式方法及其应用过程进行再评价，审查和反思第三方评价的不足和缺陷，以及时进行调整优化，促进第三方评价工作不断完善和提升。

（三）制定科学评价指标体系，为职业教育第三方评价提供依据

教育第三方评价要体现专业性和权威性，关键在于建立一套系统、完善、科学的评价指标体系。只有评价指标的制定和应用合乎评价理论、符合人才培

养规律、满足民众对第三方评价的价值期待、适应社会经济发展需要，才能提升教育第三方评价的公信力，并发挥出第三方评价应有的社会作用。在管办评分离背景下实施职业教育第三方评价，建立科学合理的评价指标体系，应重点抓好三方面的工作。

1. 提高思想认识，树立正确的评价指导思想

由于我国传统的教育评价以主管部门评价、内部评价为主，受制于行政上下级关系以及人情等因素的影响，很多地方的教育评价不同程度地存在着"一家人不说两家话"的现象，评价工作流于形式、层次不深。因此，实施职业教育第三方评价，各部门、各相关人员必须要提高思想认识，树立正确的评价指导思想，以推进科学、规范的教育评价为主要任务，围绕推进职业教育治理体系和治理能力现代化这一总目标，以公正、公开评价为导向，准确定位评价目标，确保评价活动的有序开展。

2. 制定评价准则，建立科学合理的第三方评价流程

不论是对区域职业教育发展现状的总体性评价，还是对职业学校办学各个工作面的专项性评价，每一项评价内容、每一个评价环节都应当经过科学论证，既要契合职业教育教学发展规律，又要取得职业教育相关利益主体的广泛认可，同时照顾到各个职业学校的办学实际条件和办学特色，充分体现教育第三方评价科学、客观、公正的精神和原则。

3. 加强指标体系建设，完善人才培养质量评价系统

职业教育第三方评价指标体系的构建要具备科学性、系统性、全面性、交互性，对应不同的评价主题、评价层面和评价内容，要分门别类地制定精细化、具体化的评价指标体系。例如，对应区域职业教育发展状况等的总体性评价，第三方评价指标体系应包括教育发展规模指标、财政投入水平指标、资源质量水平指标等；对应职业学校办学发展状况等具体性评价，第三方评价指标体系则应包括学生核心素养指标、学生个人能力指标、毕业生就业质量指标、综合评价指标等。

（四）注重评价过程管理，提升第三方评价的质量和绩效

第三方评价若要输出经得起检验的高质量结果，就必须高度关注评价过程管理。由于我国教育第三方评价的发展历史较短，评价机制和评价模式尚不成

熟，在评价过程管理上还有很多不足之处；在部分已经正式实施职业教育第三方评价的地区，由于评价过程管理不到位，不同程度地出现了评估随意散漫、监测浮光掠影等表面主义、形式主义的现象，因而更加凸显了教育管办评分离改革下职业教育第三方评价注重过程管理的重要性和紧迫性。加强对评价过程的管理，关键要把握好两点工作。

1. 增强过程管理意识，建立健全第三方评价过程管理机制

教育评价过程管理的水平直接决定着教育第三方评价的绩效和质量，因此要建立健全第三方评价过程管理机制，在提高思想认识的基础上依靠制度、机制的力量强化评价过程管理。一方面，要建立严密的监督机制，重要事项的决策要体现民主集中原则，重要工作的开展应当多人协同，完成阶段性的评价任务要进行检查验收；另一方面，要建立严格的问责机制，清晰界定每个部门、每个人员的职责，未能有效履行职责的主体都应当承担相应的责任。总之，要通过建立合理、严密、严格的过程管理机制，最大限度地降低敷衍塞责、徇私舞弊等行为发生的可能性。

2. 加强过程管理的信息化建设，提高评价过程信息的开放性

信息公开是防止职业教育第三方评价过程产生"猫腻"、出现不当作为的"利器"。强化教育第三方评价的过程管理，有必要从加强管理信息化建设入手，努力提升第三方评价过程信息公开化和开放性程度。各级政府、职业学校、第三方评价机构要加强投入，共同搭建职业教育第三方评价信息公示、监督反馈网络平台，让整个评价过程、所有评价信息都接受社会各界的检验，借助外部力量增强对职业教育第三方评价过程的监督和管理。

第三节　道德与法律：职业教育师德建设的底线

针对部分地方对教师工作重视不够、对教师队伍建设支持力度不足、少数教师素质能力难以适应新时代人才培养需要，以及部分学校教师思想政治素质和师德水平不高等问题，国家站在中国特色社会主义进入新时代的高度上，对建设党和人民满意的高素质专业化创新型教师队伍、落实立德树人根本任务提出了新的要求。

2018 年 1 月 20 日，中共中央、国务院印发了《关于全面深化新时代教师队伍建设改革的意见》（以下简称《意见》），明确了在全面建设社会主义现代化国家新征程下，加强教师队伍建设的重要意义、总体要求和重点任务，包括着力提升思想政治素质，全面加强师德师风建设；大力振兴教师教育，不断提升教师专业素质能力；深化教师管理综合改革，切实理顺体制机制；不断提高地位待遇，真正让教师成为令人羡慕的职业；切实加强党的领导，全力确保政策举措落地见效，并要求各级党委和政府要将教师队伍建设列入督查督导工作重点内容，并将结果作为党政领导班子和有关领导干部综合考核评价、奖惩任免的重要参考，确保各项政策措施全面落实到位，真正取得实效。

《意见》的出台，既是对"学高为师，德高为范"道德立场的重申，又是对高校教师思想道德的严格规范。高职院校深入贯彻落实《意见》，要结合高职教育的特点，重在提高师德建设的实效性，既要深入践行社会主义核心价值观，又要传承、弘扬我国优秀文化传统，还要在我国现代化进程中履行好高职教育的重要使命。

一、职业教育师德建设与核心价值观

党的十八大以来，我国加快推进社会主义核心价值体系建设，并凝练成社会主义核心价值观。富强、民主、文明、和谐是国家伦理，自由、平等、公正、法治是社会伦理，爱国、敬业、诚信、友善是公民伦理。社会主义核心价值观既是社会主义价值体系基本理念的凝练，也指明了未来一段时间里，国家伦理的奋斗目标、社会伦理的实现愿景和公民伦理的基本要求。对于提高师德建设实效性，高职院校要重视培育和践行社会主义核心价值观，实现师德建设与核心价值观的有机对接，做到与时俱进；要与学校思想政治建设结合起来，做到落地生根；要与教师队伍建设结合起来，做到花开有声。

1. 坚持立德树人，深入践行社会主义核心价值观

《教育部意见》《国务院关于加快发展现代职业教育的决定》等重要文件都将立德树人，深入践行社会主义核心价值观作为高职教育的重要办学导向。《教育部关于建立健全高校师德建设长效机制的意见》明确了以社会主义核心价值观作为高校教师崇德修身的基本遵循，要求促进高校教师带头培育和践行社会主义核心价值观。《中共中央关于全面深化改革若干重大问题的决定》明

确了将立德树人作为深化教育领域综合改革的基本导向，要求加强社会主义核心价值体系教育。《国家中长期教育改革和发展规划纲要（2010—2020年）》指出，要把社会主义核心价值体系融入国民教育全过程。国务院、教育部等文件都把社会主义核心价值观及其体系作为高校立德树人的坚持导向，深入贯彻落实国家有关文件是高职院校提升师德建设实效性的题中之义。

2. 构建"大思政"格局，协同开展思想政治建设

2015年1月19日，中共中央办公厅、国务院办公厅印发了《关于进一步加强和改进新形势下高校宣传思想工作的意见》，提出要大力提高教师队伍思想政治素质，扎实推进师德建设，落实高校教师职业道德规范，完善师德建设长效机制，要求建立健全高校党委统一领导、党政工团齐抓共管、党委宣传部门牵头协调、有关部门和院（系）协同参与的工作机制，充分发挥院（系）党组织保证监督作用。师德教育是思想政治教育的重要组成部分，高职院校要进一步整合校内外党建、思政资源，构建"大思政"格局，协同开展思想政治教育。"大思政"师德建设格局的构建，要在高校党委宣传部门牵头下，依托组织、人事、工会等行政部门，思政、公共教学部及有关教学部门共同组织开展，对全院教师进行教师思想政治教育和职业道德教育。

3. 实施"强师工程"，提高教师队伍思想政治素质

为贯彻落实《国家中长期教育改革和发展规划纲要（2010—2020年）》和《广东省中长期教育改革和发展规划纲要（2010—2020年）》，广东省人民政府于2012年印发了《关于全面实施"强师工程"建设高素质专业化教师队伍的意见》，提出要全面加强师德建设，明确了加强教师职业理想和职业道德教育、建立健全师德建设制度两项任务。实施"强师工程"，就是要重视教师职业道德、职业操守与规范等师德建设内容在师资队伍建设中的地位。基于此来制定短期和长期的培训规划，与国家、省市有关部门的骨干教师培训活动对接起来，形成多方联动机制；通过文件学习、案例分析、视频观摩、实地考察、理论研讨等学术交流活动，切实提高教师的师德修养。尤其是对刚入职的应届毕业生，要切实按照《关于加强高等学校青年教师队伍建设的意见》要求，在入职培训、岗前培训和课程培训中，强化青年教师思想政治素质并提升其师德水平，加强中国特色社会主义理论体系教育，确保青年教师自觉坚持正确的政治方向，在重大政治问题上立场坚定、旗帜鲜明。

二、职业教育师德建设与文化传统

教师道德不能建立在抽象的道德律令上，而应当是一种存在于具体的文化生活中的精神凝聚力，它需要建立在具体的人际交流和文化传统的心理基础上。无论多宏观的道德观念，都必须根植于现实的文化和生活实存中。师德建设与文化传统实现有机对接，就有了血肉联系。近代以来，中国的文化传统经历了断层、演变和更新的动态变迁，教师多次被推向舆论的风口浪尖。1979 年以来，对知识分子价值的重估，也再次给教师——尤其是高校教师的身份认同带来了新的机遇。捍卫高校教师的尊严，既需要从国家层面给予认同，也需要教师群体在道德立场上有所作为。尤其是在经济社会里，面对物质利益的诱惑和生存压力，教师更需要保持慎独和内省，要具有较高的道德判断力。在当代，提高师德建设的实效性需要增强高职教师对师德文化传统的道德认同。

1. 增强教师对古代师道传统自我认知

文化传统对人的行为规范和道德养成具有重要的作用。首先，增强高职教师对古代师德传统的文化自觉。古之学者必有师，教师不仅被视为传道授业的哲人，还是道德垂范的圣贤。古代师德传统主要包括了敬业爱生、育人至上、开明教化和好学进取等方面的内容。增强高校教师对古代师德传统的文化自觉，就是要加强高校教师对古代典籍的学习，尤其是对《论语》《孟子》《荀子》《礼记》等文化典籍的学习。其次，强化高校教师对古代圣贤的道德认知。历代以来，中国文化传统的圣贤先贤，如孔子、孟子、朱熹、韩愈等名师都因高尚的道德情操备受敬重；程门立雪、春风化雨、师道尊严、言传身教等成语蕴含了我国古人对教师的尊崇；《礼记》《太平经》《师说》等典籍名篇从不同的角度对师道进行了阐述。再次，提高高校教师对传统师德规范的文化认同。古代文化传统对师德有较为明确的规范，我们要抱着取其精华去其糟粕的态度加以批判继承。比如，《论语》《白鹿洞教条》《程董二先生学则》等，对我国古代师德规范有较为丰富的论述。《白鹿洞教条》提出的"敬敷五教"在中国教育史上是一个很重要的命题。"敬"是对教育者职业态度的要求，"圣贤进德修业，不离一敬"，强调了教师自身要端正；"敷"指传播、流布，要求教师不仅要懂得做人的道理，还要有以天下为己任、兼爱他人和诲人不倦的精神，这些传统师德规范在今天仍有很强的现实性。加强高职教师对古代师道文化传统的学习，可以提高他们对古代师德传统的文化认同。

2. 加强教师对近代职教名家的道德认知

近代以来，我国职业教育届涌现了一批优秀的教育家，他们献身于国家与民族进步，其在职教发展中的经历是近代中国职业教育史的文化印记。加强对他们事迹的认知学习，既可以梳理近代以来职业教育发展的思想脉络，也可以从职业教育的角度，进一步提高高职教师对近代职教文化的道德认知。比如，黄炎培先生投身职业教育发展的一生是中国职业教育发展的重要注脚。黄炎培先生先后成立了中华职业教育社、中华职业学校等职教机构，创办了《教育与职业》《生活周刊》《人文月刊》等学术刊物。经过近一个世纪的发展，黄炎培先生的"双手万能，手脑并用""敬业乐群"等职教理念已经融入我国现代职业教育体系之中，推动了中国近现代职业教育事业的发展。又如，倡导"知行合一"的陶行知先生，以一生的教育实践树立起崇高的师德典范。陶行知先生对师德进行了较为系统的研究，提出了师德建设的"四心"说，分别是对教育事业的赤诚之心、对学生的爱满天下之心、对同事的友爱团结之心、对自身的为人师表之心。2014 年 6 月，习近平总书记在全国职教工作会议上指出："要坚持产教融合、校企合作，坚持工学结合、知行合一"。习总书记对"工学结合、知行合一"的坚持，充分说明了陶行知先生的职教理念在今天依然有现实意义。还有陆费逵、张謇、陈嘉庚、卢作孚等实业家，他们从实业救国的角度，对近现代中国的职业教育发展做出了非常大的贡献。可以说，这些职教名家从事职教的经历是近代中国职业教育的精神文化史，加强对他们的文化感知，有助于从精神文化层面加强高职教师的道德认知。

3. 注重学校文化传统在师德建设中的作用

每一所学校都有自身的文化传统，这是由它所处的时代、环境及自身发展背景等因素来决定的。学校文化传统主要由物质、精神、制度、环境和行为五个方面组成，它涵盖了学校的办学理念、育人目标、校园环境、学风、教风、校训、传统、制度、精神等方面的内容。美国人类学家罗伯特·雷德菲尔德在《乡民社会与文化》中提出了"大传统"和"小传统"的概念。如果说，古代和近代文化传统是社会主流文化的"大传统"，那么高校在自身发展中形成的文化传统就属于"小传统"，它是高校培育优良教风学风、规范道德行为的文化土壤。一般来说，越是具有强大生命力和优良文化传统的学校，师德建设就越有成效。

依托学校文化传统，高职开展师德建设有以下若干举措。一是强化教师对学校精神文化的培育：通过对校史、校情、校训的学习，增强教师的自豪感和自我约束感。二是加强教师对学校制度文化的学习：通过对国家、省市有关的制度和学校的规范性文件学习，增强教师的责任感和使命感，使制度文化内化为一种行为标准和模式。三是加强对优秀教师的学习：通过加大力度推荐申报全国优秀教师、黄炎培职业教育奖、省级优秀教师等荣誉称号，在师德建设方面树立起学校的品牌；开展师德宣讲学习，增强教师对学校师德文化的道德认同感。通过上述举措提升学校文化传统在师德建设中的作用，对于塑造、培育教师职业道德和职业规范更具有道德向心力和情感亲和力。

三、职业教育师德建设与职业使命

高职教育作为一种高等教育类型，具有培养高素质技术技能人才、进行科学研究、服务社会发展及引领文明进步等重要使命。因此，高职院校在提高师德建设实效性方面，要紧密结合高职教育的多重使命。在改革发展中，高职教育要始终紧贴国家职业教育的发展方向，将师德建设与国家职业教育改革同步，特别是要深入学习《国务院关于加快发展现代职业教育的决定》等重要文件，进一步明确新时代下高职教育的改革发展方向，自觉将师德建设与高职使命有机对接。

1. 坚持师德建设与人才培养的紧密结合

我国高职教育的根本任务是为社会主义建设和发展培养高级技术技能人才，这是由高职教育的职业技术性和教育高等性决定的。习近平总书记指出："职业教育是国民教育体系和人力资源开发的重要组成部分，是广大青年打开通往成功成才大门的重要途径，肩负着培养多样化人才、传承技术技能、促进就业创业的重要职责。"高职教师要围绕高职教育的根本任务，将人才培养目标结合在教书育人工作中，通过文化育人、服务育人、管理育人、教书育人等方式，努力提升学生的理论水平，创新发展学生的技术技能，积极培育学生的思想道德素质，力争通过多种举措，将学生培养成多样化人才。

2. 坚持师德建设与社会服务的紧密结合

服务社会发展、企业技术研发和产品升级是高职教育的重要任务。当前，新的工业革命在全球兴起，智能自动化技术在制造业、服务业和现代农业中广泛应用，文化创意和设计产业迅猛发展，科技成果转化和产业更新换代的周期不断缩短。面对新工业革命带来的挑战，具有较为扎实的理论功底和丰富的实践能力的高职教师，在践行培养人才使命的同时，还需要投身于服务我国现代化进程。在这个进程中，通过与政府、高校、行业、企业等多方协同合作，带领师生团队，开展项目研究、社会发展与服务调研、关键技术攻关，促进先进技术转移和转化应用，实现成果转移，在推进我国现代化进程中贡献高职教师的力量。教师在奉献中成就自我，在奉献的同时实现人生价值，不断增强高职教师的道德判断力和道德选择力。

3. 坚持师德建设与教师发展的紧密结合

在高职教育中，教师是人才培养的关键，教师发展是高职内涵建设的重要内容。只有教师全面发展，才能促进学生的多元发展。教师发展包括了学术发展、职业发展和道德发展。坚持师德建设与教师发展的紧密结合，就是要积极促进教师的学术发展、职业发展和道德发展。学术发展指高职教师进入高校后，通过学历教育、在职培训、下企业锻炼等手段，不断提升学术水平的发展过程。职业发展是教师在教育工作中，通过积极探索实践，不断提升教书育人、管理育人和服务育人的能力发展过程，如专业技术资格的晋升、名誉称号的获得等，都是职业发展的表现。道德发展是指教师在教书育人工作中，在信念、情感、意志和行为等方面不断提升道德水平的过程。在教师发展的三个核心元素中，师德建设是道德发展的核心。促进教师道德发展可以采取以下举措：一是营造崇尚先进与学习典型的氛围；二是加强理论武装与价值观教育；三是拓宽教育载体；四是完善师德体制机制建设和政策引导。通过这些举措，狠抓以师德建设为中心的道德发展，推动教师全面发展。

第四章 教育改革与创新

中国职业教育是 21 世纪全球发展速度最快的教育类型，涌现出诸如南京工业职业技术大学、金华职业技术学院、深圳职业技术学院、北京电子科技职业学院等一批高水平职业学校，其在规模扩张和质量提高上都取得了不俗的成绩。为此，分析职业教育的改革创新颇具价值。虽然各个区域的发展经验各有千秋，发展水平不一而足，但依然存在有迹可循的共识。

产教融合始终是职业教育服务发展的核心命题。职业教育的"职业性"决定了它必须要面向社会开放办学，服务产业发展需求，优化体系、层次和结构；要在构建产教融合平台、完善产教融合机制、推动技术技能积累与创新上下功夫；要运用产教融合型企业建设培育机制，吸引优质企业在投资兴办职业教育、提供学生实习实训岗位、接纳企业岗位实践方面深度合作，破除产教脱节的难题。

大数据时代，无论是高质量的职业教育还是高水平的职业教育，都离不开技术的支持。特别是疫情管控下，要维持教学秩序，保障教学质量，就离不开技术驱动。如今，虚拟现实重构了人们的学习方式，慕课、翻转课堂、混合式教学模式成为教与学的新常态。同时，区域发展不平衡也会放大职业教育发展的不充分：教育资源分配不均、城乡教育教师资源不足、信息技术水平参差不齐。如何既保障职业教育质量，又保障教育均衡发展，需要职业教育做出积极应对。

"创新驱动发展战略"对教育的要求依然存在。不同层次的职业院校，其主要任务仍然是实施教育。越来越多的学校正在扩充教学课程和项目来助推创新创业教育，为学生提供越来越多的创业及相关领域专业课、实践活动及证书项目。职业院校通过增设跨界融合的课程，以及强调产教融合、工学交替的项目，培养了学生的创新思维和创业技能。当然，作为受益者之一，学校也实现了创新发展。

第一节　产教融合：职业教育迭代升级的核心命题

深化产教融合是职业教育迭代升级的问题。在职业教育现代化发展进程中，把握住产教融合就能牵住推动职业教育改革发展的"牛鼻子"。职业教育从产业中来，到产业中去，把人才培养、科学研究、社会服务和文化传承创新职能融合在产业链中，加强产业和教育各个环节的衔接，才能在产教融合——"脚"和"鞋"的关系中，做到量体裁衣、因地制宜，提升职业教育服务产业发展的适切性水平。

产教融合是中国特色高水平高职学校和专业建设计划（下称"双高计划"）的重点建设任务，是我国深化职业教育改革，构建具有中国特色、世界水准的高水平职业院校的重要举措，是习近平新时代中国特色社会主义职业教育思想的重要实践和理论成果。高职院校深化产教融合，有助于促进教育链、人才链与产业链、创新链有机衔接，对新形势下全面提高教育质量、扩大就业创业、推进经济转型升级、培育经济发展新动能具有重要意义。

教育部、财政部《关于实施中国特色高水平高职学校和专业建设计划的意见》强调要坚持产教融合原则，明确了"创新高等职业教育与产业融合发展的运行模式，精准对接区域人才需求，提升高职学校服务产业转型升级的能力，推动高职学校和行业企业形成命运共同体，为加快建设现代产业体系，增强产业核心竞争力提供有力支撑"。随着"双高计划"的实施和深化产教融合系列文件的出台，现代产业和职业教育的深层次融合发展将成为推动职业教育创新改革的有力抓手，产教融合的内涵及平台也将不断丰富。

一、中国职业教育产教融合的现实基础

实施"双高计划"是我国高职教育由规模扩张向质量提升转变、由普通教育向类型教育转变的现实需求。进入中国特色社会主义新时代以来，"双一流"已经成为普通高校标杆，高职院校"双高计划"也由顶层设计进入了落地实施期。其中，产教融合既是实施"双高计划"必须坚持的重要原则，更是一项重要建设任务，还是一种方法手段。产教融合不断深化并不是一个孤立的现象，而是伴随着产业结构优化，人才培养结构调整，育人质量提升，创新驱动发展提速的过程，从而为职业教育深化产教融合奠定坚实的基础。

（一）现代产业基础健壮有力

职业教育中"产业"和"教育"的关系，好比是脚和鞋子的关系，产业健壮是产教融合健康发展的基础，推动产业与职业教育高质量协同发展是产教深度融合的着力点。改革开放40多年来，我国产业转型结构持续优化，现代产业体系不断健全，战略性新兴产业加快培育发展，制造业创新中心、工业强基、

绿色制造、智能制造等重大工程稳步实施；服务业向高效优质发展迈进，信息、物流、电子商务保持良好发展势头，"互联网＋"广泛融入实体经济。经由改革开放的探索实践，我国产业发展具备了强大的驱动力，市场的主导作用和企业的主体作用得到充分发挥，资源要素得到优化配置，促进了产业链再造和价值链提升。

（二）现代职业教育体系健全

党的十八大以来，我国基本构建了具有中国特色的社会主义职业教育体系。一是人才培养模式由单极走向多极，现代学徒制、工学结合、订单班培养等育人模式成熟，形成了以"产教融合、校企合作、工学结合、知行合一"为主要特征的中国特色社会主义职业教育人才培养模式。二是办学模式由单主体走向多主体，政府、行业、企业等多主体参与职业教育，公办制、混合所有制、股份制等办学机制不断成熟，形成了校企合作、产教融合等复合型办学模式。三是职业教育学历层次不断丰富，构建了从中职、专科、本科到专业学位研究生的不同学历教育层次的培养体系，打通了职业教育"高职高专"的天花板，贯通了职业教育与普通教育的沟通桥梁，融通了全日制教育与非全日制教育的衔接结构，构建了"育训并举、德技并修"的职业教育体系。目前，我国形成了规模大、类型齐全的职业教育体系。根据教育部 2019 年发布的全国普通高等学校数据显示，截至 2019 年 6 月 15 日，全国高等学校共计 2 956 所，其中高职高专院校 1 423 所（不包括当年升格为本科的 15 所职业院校），占全国普通高等学校总量的 48.14%，职业教育从规模到质量上都达到了新的发展水平。

（三）职业教育类型教育深入人心

职业教育长期栖身于普通教育序列，被视为低于普通教育一等的教育。党的十八大以来，由于经济结构转型对新型产业工人的巨大需求，以及职业教育综合改革的内在要求，职业教育低人一等的局面发生了根本性改变。《国家职业教育改革实施方案》明确指出："职业教育和普通教育是两种不同的教育类型，具有同等重要的地位"，这是我国在国家层面以文件形式为职业教育"正名"。职业教育作为一种教育类型，具有跨界合作、异质整合和重构互补的特质，既强调合作主体的跨界协同合作，又强调合作内容的异质整合，同时注重合作方式的重构互补。比如，学校与政府部门、产业界、行业协会、企业及国际组织等组织机构的合作属于跨界合作；校企合作中"学生与学徒""教师与师傅""教室与车间""教学与生产"等具有异质性的合作内容的二次整合，促使合作内容在跨界合作中相互促进，互为补充；在合作方式上，学校与合作方依托各自的优势和特色，重构新型的混合所有制、现代学徒制等合作方式，有利于强强联合、优势互补。跨界合作、异质整合、重构补充三大特质成为职业教育类型教育的底色，愈加为社会所认同。2019 年，经教育部批准，全国首批 15 所高职院校由"职业学院"更名为"职业大学"，由专科教育提升为本科教育，并在 2019 年面向全国开始招收职业教育类型本科生。职业院校"升本"后仍保留"职业"两字，这在全国范围内尚属首次，体现了推进职业教育类型教育的强大国家意志。尤其是今年"高职百万扩招"的出台，为数以亿计的高中毕业生、退役军人、下岗职工和农民工提供了通过素质提升而顺利就业的机会，职业教育类型教育的底色将进一步擦亮。

二、中国职业教育产教融合的现实需求

现代产业对职业教育的融合需求，既是产业自身发展的内在需求，也是产业与教育在新的时代背景下，适应经济发展方式转变、现代产业体系建设和人的全面发展的要求。实施"双高计划"，采用产教融合模式激活职业教育办学活力，明确了坚持产教融合是解决职业教育服务现代发展成效不够明显、产业和教育融合度不高等问题的必由之路。

（一）产业动能转换对职业教育人才培养的需求

现代产业的健康发展离不开职业教育培养的人才。当前，我国经济处于传统增长动能衰减和转向高质量发展"双碰头"阶段，迫切需要通过产业新旧动能转换加快产业转型升级，助力经济中高速增长和高质量发展。但是我国产业新旧动能转换仍然面临诸多障碍，如高端要素支撑不足，"缺人才、缺技术、缺资金"严重制约新旧动能转换。深化现代产业和职业教育融合，加快培养适应产业转型升级的高素质技术技能人才，是破除制约产业新旧动能转换障碍的有效举措。习近平总书记指出："国家发展靠人才，民族振兴靠人才，人才是兴国之本、富民之基、发展之源。"这表明，人才是国家发展的重要因素，更是产业发展的第一要素。《国务院办公厅关于深化产教融合的若干意见》指出："深化产教融合，对新形势下全面提高教育质量、扩大就业创业、推进经济转

型升级、培育经济发展新动能具有重要意义。"现代产业的转型升级决定了对职业教育加快培养高素质技术技能人才的需求，也对推动现代产业和职业教育融合提出了新的要求。

（二）中小微企业对技术创新应用的需求

美国当代教育家德里克·博克认为，加强企业和大学之间密切联系的方法，一是避免轻视实用性研究，二是大学应该主动参与企业发展。但是很长一段时间以来，产业界和教育界作为技术创新服务的两大主要阵营，两者融合度不太高。我国加入世界贸易组织以来，许多中小微企业面临着来自全球同行业的竞争压力。由于自身技术创新和研发服务能力有限，企业家开始将目光投向高校，对高校的研究成果表现出浓厚的兴趣。一方面采取资助的方式，委托高校对某个领域或某项技术进行研究；另一方面与高校共建实验室、工程中心等研究机构，组建研究团队，对某项技术进行联合攻坚。高等院校在与企业合作中，也逐渐意识到需要通过外部的需求激发内部科研人员的创新，释放学校科技创新的活力，同时也为学校自身的科研成果走向应用提供通道。在互惠互利的双向刺激下，深化产学研合作不但成为学校和企业的内在需求，还为建设创新型国家提供了动力源泉。习近平总书记在全国教育大会强调，要推进产学研协同创新，积极投身实施创新驱动发展战略，着重培养创新型、复合型、应用型人才。推进产学研协同创新是包括高职院校在内的高等院校的必然选择。与普通高校相比，高职院校技术创新的总体水平与前者还存在一定的差距，但是在实用性研究和服务中小微企业发展方面富有特色，促进了现代产业链和价值链的健全发展。技术服务到款额是衡量高职教育社会服务的重要指标。据《2018 中国高等职业教育质量年度报告》显示，高职院校科研和社会服务到款额蔚为可观，武汉铁路职业技术学院的技术交易到款额达 5 224 万元，浙江交通职业技术学院的横向技术服务到款额达 8 438 万元，年度科研社会服务经费超过 5 000 万元的高职院校达 18 家。科研和社会服务经费的持续攀升，反映了高职院校与产业、企业的合作不断深化。

（三）企业对教育的社会责任需求

企业的社会责任包括经济责任、法律责任、教育责任、环境责任、社区责任等。其中，教育责任是企业社会责任的重要内容。产教融合、校企合作是

111

企业参与职业教育的主要形式，其首要动因除了经济利益诉求，还有对社会责任的价值认同。企业通过校企合作、产教融合，培养企业所需人才，能促进人才供需对接，达到产业和教育的互利共赢。对此，各国政府很早就达成了共识。英国政府规定，年度工资总额超过 300 万英镑的企业需缴纳学徒税（Apprenticeship Levy），承担学徒制培养任务的企业可获得政府学徒税补贴。德国双元制中，超过 70% 的学徒在企业中学习。在瑞士，75% 的企业会向职业院校提供带薪学徒岗位。在我国，《中华人民共和国公司法》也明文规定，公司需要承担社会责任。进入中国特色社会主义新时代以来，随着产教融合的不断深化，产业参与职业教育的积极性和责任感提升，促成了产教融合型企业的诞生。《建设产教融合型企业实施办法（试行）》明确了"产教融合型企业是指深度参与产教融合、校企合作，在职业院校、高等学校办学和深化改革中发挥重要的主体作用，行为规范、成效显著，创造较大社会价值，对提升技术技能人才培养质量，增强吸引力和竞争力，具有较强带动引领示范效应的企业"。《国家职业教育改革实施方案》明确了对进入目录的产教融合型企业给予"金融＋财政＋土地＋信用"的组合式激励，并按规定落实相关税收政策。《建设产教融合型企业实施办法（试行）》和《国家职业教育改革方案》的出台，将大大释放企业参与教育的积极性，形成企业参与产教融合的经济利益和社会责任双驱动。

三、中国职业教育产教融合的实现路径

深化产教融合是高职院校持续推进重点领域改革的重要举措，是职业教育应对供给导向向需求导向转变的积极回应。"双高计划"推进产教融合建设，要通过加强与产业链的有机衔接，深化协同育人机制改革，构建校企双元育人模式，构筑高水平产教融合平台，共同培养培训高素质技术技能人才，推动结构转型升级，培育技术技能积累创新的共同体，形成校企合作创新生态系统，从而促使校企双方在产教融合中解决经济社会发展中的实际问题。

（一）加强专业链和产业链的有机衔接

产业和教育的协同发展，离不开产业和专业的有机衔接，离不开产业对专业的基础支撑，离不开专业对产业的人才及技术反哺。加强专业链和产业链的衔接，构建专业和产业协同发展，形成产教融合利益共同体，是专业紧跟产业，

产业引领专业的必然途径。教育部部长陈宝生指出，要把专业建在产业链上，把学校建在开发区里。"十三五"以来，国内外经济形势发生深刻变化，新产业、新技术、新模式不断涌现。目前，我国处于创新驱动发展的新阶段，经济发展的主要动力要从先前依靠资源、劳动力、资本等要素拉动，切换到依靠创新来驱动。比如，智能制造装备、新一代信息技术、新能源产业、智能电网、云计算、移动互联网等在旧的产业链上实现更新，产业朝高端化、智能化、绿色化、服务化和品牌化发展。在新的经济形态和经济发展方式下，旧的产业链赋能指数降低，可持续发展能力减退，以轻资产、重知识产权、重技术创新和高成长性为特征的新经济发展方式迅速形成，催生了新的产业链，如共享经济、物联网、区块链、虚拟现实与增强现实、环保和新能源。为此，紧跟产业发展的专业也应发生改变。2019年6月，国务院办公厅印发《关于促进家政服务业提质扩容的意见》，指出家政服务业作为新兴产业，对促进就业、精准脱贫、保障民生具有重要作用。在此背景下，教育部积极引导和鼓励高校开设家政专业，要求每个省份原则上至少有一所本科高校和若干所职业院校扩大家政服务相关专业链的培养，这正是加强专业链与产业链衔接的体现。

（二）深化"政校行企"协同育人机制改革

"政校行企"协同是指政府、学校、行业、企业在技能型人才的培养过程中，充分发挥各自优势和作用，合理配置资源和要素，共同协作、相互补充、深入融合、充分释放彼此之间的人才、资本、信息、技术等育人要素活力，实现深度合作、共同育人。深化"政校行企"协同育人机制，要从四个方面着手。一要构建协同治理机制。学校成立"政校行企"协同治理理事会，构建合作共同体，保证四方对共同体的发言权和责任担当。在校级理事会指导下，共建二级学院，共同参与二级学院的人才培养，实现协同育人由机制走向实践。二要构建双向互通的人才互补机制。学校制定校企"双专业负责人"制，校企共建学校兼职教师库和企业兼职人才库，实现校企双方人才的"身份互认、角色互通"。三要构建双向支持的教学互通机制。企业定期更新岗位需求和标准，校企共商人才培养方向，专业的增设（方向）、课程体系的制定，从而促进课程体系与企业岗位深层联通。校企双方共同组建课程开发团队，学校负责课程设计、知识谱系构建；企业教师参与实践教学项目开发、经验型知识的讲授，指导学生实习实践。四是构建人才共育机制，"政校行企"共同搭建协同育人平台，如实训基地、创新创业基地、技术研发与服务中心，将学校教学、企业生产、社会服务和科技研发融为一体，一方面培养技能型人才，提升学生的劳动技能，另一方面服务企业和社会，提升科技创新和服务能力。在以上四个方面中，治理机制是顶层设计、人力资源是基础、教学互通是路径、共育人才是目的，通过深化"政校行企"育人机制，解决了职业教育和产业发展融合度不够的问题。

（三）构建校企双元育人模式

《国务院办公厅关于深化产教融合的若干意见》指出："深化全日制职业学校办学体制改革，在技术性、实践性较强的专业，全面推行现代学徒制和企业新型学徒制，推动学校招生与企业招工相衔接，校企育人'双重主体'，学生学徒'双重身份'，学校、企业和学生三方权利义务关系明晰。"该意见厘清了校企双主体与产教协同育人之间的逻辑关系，确立了校企双主体地位是有效推进产教协同育人的重要前提和实施主体，产教协同育人是校企双主体发挥作用的主要表现和判断依据。改变学校或企业在职业教育中的单一主体地位，确立校企双主体地位，充分调动学校和企业的参与要素，最大限度发挥校企双主体作用，不仅可以深化学校人才培养模式改革，提高人才培养质量，还可以推进职业教育与产业的深度融合，丰富高职服务社会的内涵。在职业教育中坚持校企双主体地位，要以教学过程与生产服务过程对接为主线，同步教学与生产服务周期，在师资配置、学徒选拔、教学实施、教学评价和教学场所五个方面实施"校企双元"。落实学校与企业在职业教育人才培养过程中的双主体地位，主要包括以下六个方面的内容。一是学徒选拔双元化：学校招生办与企业人力资源部门共同开展招生与招工工作，学生与学校、企业签署三方协议，明确其作为学生和员工的双重身份。二是导师配置双元化即校企"双导师"制：教研室指派专任教师任校内导师，讲解理论知识和跟踪学习情况；企业指派技术骨干任企业导师，以师傅带学徒形式开展各级各类跨学科、跨专业创新训练与生产实践。三是教学计划双元化：学校专业教研室与企业技术（生产）主管部门共同制定符合教学与生产的课程体系与教学计划。四是教学实施双元化：学校专任教师与企业生产车间导师依据典型工作任务，设计学习、实训、社会服务、创新创业等教学过程，培养实践操作能力。五是教学评价双元化：以学院质量管理中心为主，生产管理部门为辅，对理论学习进行评价与监控；以生产管理部门为主，以学院质量管理中心为辅，对生产实训进行考核，对社会服务进行质量评价，对创新作品进行品鉴。六是教学场所双元化：以校为主、企为辅，开展理实一体化学习；以企为主、校为辅，开展生产实训、项目服务、创新应用。通过实施校企双元，有效解决了职业教育与产业发展在需求、标准、过程、证书、学习五个方面衔接不够紧密的问题，提高了学生的就业能力。

（四）构筑高水平产教融合平台

高水平产教融合平台是产教融合、校企合作高度和深度的体现，它需要满足三个功能。一是服务学校人才培养。这是高职院校产教融合的根本出发点，要求产教融合平台能满足学生技术技能积累、创新创业教育、职业精神培养等学生成才成长的内在需求。二是服务社会发展。这是合作方参与产教融合的核心利益，要求产教融合平台有助于社会进步、企业发展，能为合作方提供优质的人力资源，为社会及企业在生产经营中遇到困难和问题时提供解决方案，促进生产经营方式更新变革，提升生产力和经济效益。三是促进校企合作。这是产教融合平台持续发展的必由之路，要求产教融合平台能为校企合作提供合作范式的践行地，探索新的合作模式，如现代学徒制、混合所有制等合作模式的实践，订单式培养、课证融合式培养等育人模式的试点，内部质量保证体系诊断与改进、工学云混合式顶岗实习管理等治理模式的检验地。为此，高水平的产教融合平台需要依托管理规范、技术领先和行业有影响的合作方，成立合作机构，制定长效方案，细化合作内容，推进任务落地。

随着"双高计划"的实施推进，产教融合愈加受到重视。除了作为职业教育的底色不断被赋予新的任务和要求，产教融合也是推动普通高等学校走应用型发展道路的有力举措，为普通高校走特色发展之路提供了无限可能。2015年，国务院颁布了《统筹推进世界一流大学和一流学科建设总体方案》，明确提出要"深化产教融合，将一流大学和一流学科建设与推动经济社会发展紧密结合，着力提高高校对产业转型升级的贡献率……打通基础研究、应用开发、成果转移与产业化链条"。从我国推进世界一流大学和一流学科建设，到建设中国特色高水平高职学校和特色专业，产教融合的要求贯穿其中，表明了深化产教融合已经成为优先发展教育战略的重要举措，值得我国教育研究者做出更多的探索与实践。

第二节　信息技术：公共卫生事件与在线教学

突发公共卫生事件是指突然发生，造成或者可能造成社会公众健康严重损害的重大传染病疫情、群体性不明原因疾病、重大食物和职业中毒以及其他严重影响公众健康的事件。随着全球一体化进程的力快，全球的联系越来越紧密，突发公共卫生事件发生频率增多，对社会的影响更为全面和深远。如何应对突发公共卫生事件带来的挑战是亟待探讨的问题。

一、突发公共卫生事件对职业教育教学生态的冲击

突发公共卫生事件会对高职教育带来负面影响，影响教育教学正常运转。2019 年 12 月以来，在我国爆发的"新型冠状病毒肺炎"（COVID-19，下称"新冠肺炎"）是 1949 年以来传播速度最快、感染范围最广、防控难度最大的重大突发公共卫生事件。根据《中华人民共和国传染病防治法》，为防止疫情进一步扩散，政府根据疫情级别，可以采取停工、停业、停课等必要的管控措施，切断传染病的传播途径。2020 年 1 月 23 日，我国武汉采取了"封城"措施，全国各省区限制人员流动，教育系统宣布停课。受到停课管制等措施影响，职业院校推迟了春季开学时间，原定于春季开展的扩招计划也被搁浅，对职业院校的教学秩序和教学进程带来了冲击。

（一）影响正常教学计划

高职院校教学计划是高职组织教学的总体设计，不仅规定了课程开设顺序、课时分配与学习要求，而且还对学校的教育活动、教学活动、生产劳动，课外及校外活动等有较为全面合理的安排，是制订课程大纲、编写教科书的主要依据。受到新冠肺炎疫情影响，学校无法在预定的时间开学，原本设定的课程无法正常实施，教学进程与时间分配被打乱，教学任务无法按时完成，导致高职教学的整体周期被打乱。对高职教学的直接影响是教学进度会滞后于正常状态，教学任务需要被重新安排，教师需要重新组织和调整教学内容，同时需要在教

学计划中降低操作性和实践性教学内容。

（二）影响实践教学进度

实践教学是指教学过程中开展的综合性实践活动，主要针对学生岗位能力和职业道德的养成和发展。实践教学的外延相对比较宽泛，指理论教学以外的所有教学活动，如参观、调查、实训、生产性实习、毕业实习。实践教学是高职教育的重要特色，是高职教育类型的重要特征。高职学生实践能力的提升需要高职院校加强工学结合、强化实践教学的引领作用。在"封城"及停课、停工的状态下，学生的活动空间受到限制，校内外实训基地无法开放，顶岗实习中断，学生缺乏实训条件和针对性的实训指导，使得学校整体的实训教学落后于常规进度，不利于学生技术技能的积累。

（三）影响教学质量监控

教学评教是高职学校教学质量监控的重要内涵，重点监控教学目标、教学内容、教学方法和有效教学的落实成效。为了保障教学质量，高职学校会对教学过程进行动态监控，引入学生、同行、教务人员、专家和督导等评教主体，对教师的教案、课件、课堂教学等教学计划执行环节的过程进行评教。常规教学评价通常是在现实课堂中发生，评价的标准也是针对现实课堂环境设定的，如板书标准、技能积累、场所与器械运用、课堂气氛、动作示范等评价指标。在网络教学环境中，教学督导需要适应教学场所、教学方法、在线教学评价标准等方面的变化，加大了对教学质量监控的难度，导致对教学质量监控不到位或者不够全面。

二、职业教育在线教学的响应

针对新冠肺炎疫情对高职院校正常开学和课堂教学造成的影响，2020 年 2 月 4 日，教育部出台了《关于在疫情防控期间做好普通高等学校在线教学组织与管理工作的指导意见》，要求各个高校在疫情防控期间组织实施在线教学，保证教学进度和教学质量，实现"停课不停教、停课不停学"。本次疫情下的在线教学，在一定程度上是检验高职教育信息化水平的试金石。

（一）恢复教学秩序

在突发公共卫生事件中，在线教学不受地域限制，能在互联网环境中迅速构建教育空间，有效组织实施教学任务。虽然互联网教育空间仍然受到准入端口、网络技术的影响，但是与现实课堂相比，互联网教育空间具有开放性和自由性，进入门槛较低，自由度较高，为那些受疫情限制下的学习主体和教学主体提供了便利。在公共管理部门统一部署下，依托原有的信息化建设基础和课程资源，各地区能在短时期内迅速重组教学，使得广大师生恢复有序的生活与学习。以四川省为例，截至 2020 年 2 月 24 日，全省有 45 所高职院校开展在线教学，开设线上课程 10 014 门，达到该省高职院校年度春季学期开设课程数的 34.3%；开展在线授课教师 7 438 人，实施在线授课班级 6 584 个，班级在线开课率达 49.1%，参与在线学习的学生达 92.75 万人次，反映出在线教学对高职教学的及时响应，对稳定教学秩序发挥了积极作用。

（二）提振高职抗疫信心

新冠肺炎疫情暴发初期，商场、饭店、影剧院、图书馆、展览馆、旅游景点等公共空间被管制，人们的活动场域被压缩到一个相对狭小的空间内，互联网成为人们接收信息的主要来源。在互联网负面信息和"共情"影响下，人们被抛入一个能被感知的陌生场域，加重了心理负担，加剧了社群的无助气氛，形成了社会风险。因此，恢复和稳定秩序就迫在眉睫。2020 年初，教育部成立了应对新型冠状病毒肺炎疫情工作领导小组办公室，对教育系统的疫情防控工作采取了果断而有效的措施，对高职学校在线教学的组织与管理工作做了安排，对全国 1 400 多所高职学校、1 000 多万的高职师生恢复学习生活秩序具有积极作用，提振了高职教育抗疫的信心，稳定了抗疫大后方，巩固了高职教育抗疫阵线。

（三）加速信息化教学改革进程

21 世纪以来，新技术突飞猛进不但改变了人们的社交方式，还改变了人们的教育方式。开放、灵活和适配的通信技术设施，以及广泛应用的移动互联网，使得高职学生能够以较低的门槛进入在线学习课堂，实现在线课堂的全国互联。在线课程资源以数字化的教学文本和教学图像的方式，被云存储在一个有限的物理空间内，并能被在线学习者随时提取、学习和参考。在线教学灵活的组合方式为师生提供了多元选择，如平台资源推送、MOOC、SPOC、直播、录播、视频教学。疫情期间，在教育部的推动下，22 个线上课程平台的 2.4 万余门课程，面向全国所有高校免费开放，反映了新媒介技术和大数据技术在我国教育信息化领域的高度融合，支撑了在线教学使之顺利实施，体现了近年来我国推动高职领域学习取得了良好成效。比如，东莞职业技术学院开发的在线教学平台"乐学在线"。"乐学在线"曾经是日常教学的重要补充。疫情期间，学校以"乐学在线"为主体，以"智慧职教"为辅助，重新设计在线教学任务，开学首周全校大约有150门专业核心课程以"学习平台"＋"直播"的方式开展，日均上线学生超过8 500人次，创下了"乐学在线"日均上线数的新纪录。高职在线教学从"临时工"向"正式工"、从"替补队员"向"正式队员"发生了转变。未来，在线教学必将成为新一轮高职信息化教学改革的引擎，促进"互联网＋教学"观念及生态更新迭代，推进教学资源建设的市场化进程，使传统教育机构加速转向混合、多元化和复杂的学习格局，基于云计算、大数据和人工智能技术构建的智慧教育生态将对未来学校产生重要影响。

三、职业教育在线教学的局限

新冠肺炎疫情背景下，我国高职院校能迅速响应教育部要求，有序组织教学秩序，体现了我国高职信息化建设的牢固基础。但同时，在线教学过程中的技术平台支撑度不高、形式主义倾向和师生关系弱化等问题也影响了在线教学效果，凸显出在线教学的局限性。

（一）在线教学暴露了教育区域发展的不均衡性

十九大报告指出，进入中国特色社会主义新时代，我国社会的主要矛盾已经转化为人民日益增长的美好生活需要与不平衡、不充分的发展之间的矛盾。在教育领域，我国各地区的技术条件、师资条件、社会条件、家庭条件同样存在发展不平衡和不充分的状况。许多农村家庭及城市低收入家庭缺乏网络、电脑等基础设施设备，影响了低收入人群接受在线学习的机会。此外，面对高频次和高流量的压力，网络平台瘫痪的消息也常见诸报端，尽管部分平台不断加快网络产品更新迭代的速度，但卡顿、掉线等意外情况频发，技术上缺乏支持造成在线教学的"翻车事故"[①]亦屡见不鲜，使得教学效果大打折扣。

---

① 网络语境中的"翻车事故"指网络中出现意外、出错、中断或不尽如人意的状况。

（二）在线教学凸显出高职信息化教学的短板

在线教学对教师的信息化教学能力要求较高。信息化教学能力是一种综合能力，其能力结构包括信息化教学迁移能力、信息化教学融合能力、信息化教学交往能力、信息化教学评价能力、信息化协作教学能力、促进学校信息化学习能力。信息化教学能力是教师传统教学方式的辅助，并没有在高职课堂中占据主流。长期以来，我国高职院校对信息化建设的经费投入不足，教师缺少系统的信息化教学培训，影响了教师的信息化教学能力。在新冠肺炎疫情影响下，全面化的在线教学对教师的信息化教学、答疑、辅导、监督提出了新的挑战。与国外在线教学的团队合作相比，我国在线教学基本都是一个老师"扛大旗"，从制作课件、授课、互动、批改作业到分数录入等环节都是老师独立完成。虽然教师可以采用钉钉、微信群、QQ 群、视频会议软件等方式作为在线教学的补充，但是无形中又加大了教师的监管压力。

（三）在线教学折射出师生沟通的缺失

目前，我国的教育技术与教学现实需求之间仍然存在较大差距。高职教育信息化建设主要集中在智能硬件化方面，建设有专业教学资源库、精品课程共享课等系列线上资源，但是基本都是以录播或者提前录制形式展播，缺乏双向互动。现在的在线教学平台只是一个功能性的教育空间，适用于教师视频教学、课件展播、教学互动的需要，但满足不了高职教学中的实操和操作性教学任务。与现实授课相比，在线教学缺乏及时沟通与有效监管，教师难以把握学生的学习状态。例如，有的学生只是打开终端设备，人却在做与学习无关的事情；有的老师为了完成学校要求的线上互动次数，私下要求学生刷屏等低效的在线互动。这些都无益于教学。学生之间、师生之间的互动缺位流于形式化。

四、职业教育在线教学的改进策略

在突发公共卫生事件频发的今天，职业教育模式受到的冲击越来越多。在线教学可以突破突发公共卫生事件导致的时空限制，能扩大知识的传播范围。如何在 SARS、新冠肺炎等突发公共卫生事件中，借助在线教学模式重塑职业教育生态，这是摆在每一个职业教育工作者前面的问题，需要我们不断深化教育改革。

（一）重塑学校格局，转变教学观念

未来，学校的形态将发生改变，一个建立在教育技术基础上的在线教育共同体将会重塑教育格局，在线教学将成为未来学习者习得知识的主要来源。在未来的十字路口前，教育工作者需要保持清醒的认识，由以知识为中心转向以学习者为中心，鼓励学习者通过线上学习获得知识，并给予必要的学分认证。未来及当前正在进行的在线教学证明了在线教学不是单打独斗，而是团队合作，其需要学校、教师、学生及其他社会力量协作构建完善的教学网络，从而推进传统课堂学习向混合学习转变。

（二）加强资源建设，提高教学水平

在国家层面需加强政策导向，牵头制定在线教学标准，出台在线学分及学历认定，完善在线教学的保障制度。在线学习是一种自由度较广的教学方式，也是一种难度较大的教学方式。在线教学如何在没有边际的网络中抓住学习者的注意力，使在线教学成为学习者探索知识的通途，而非狂飙的"事故现场"，需要教师提高在线教学技巧。在线教师未必个个都要成为"网红直播"，但是增进文化自信、丰富教学资源、提升教学感染力、强化责任心和职业道德，仍然是教师努力的方向。教育越是自由，越是需要定制；越是个性，越是需要建设高效优质的学习中心。

（三）建立在线教学质量评估制度

在线教学是手段而非目的，它是我们培养人的一种途径。因此不管是传统教学，还是在线教学，质量永远排在首位。新时期我国高职教育要坚守中国特色社会主义大学的初心与使命。"培养什么人、怎样培养人、为谁培养人"是我们这个时代的灵魂拷问。以学习者为中心，如何评估学生的学习成果，需要我国高职教育完善在线教学质量评估标准，建立在线考试评价机制，最大限度提高在线考试评价的效度与信度。

第三节 创新创业：21世纪职业教育的新常态

创新创业既是一种教育模式，又是一种教育状态。前者是人才培养的能力向度，为"创新创业"的教育，通过深化教育教学改革，培养具备专业技能和较高技术水平，具有创新思维和创业能力的高素质技术技能人才；后者为中国职业教育的精神向度，是教育的"创新创业"，是在坚强稳定的核心领导下，采取积极进取的办学态度，实施稳健及适当超前的办学策略，推动学校转型升级发展，成为区域活跃的学术文化中心、可靠的人才培养中心以及值得信赖的决策咨询中心。

在知识经济背景下，学校成为知识应用和技术迭代的重要源泉。职业教育是技术技能创新的重要载体，也是知识更新、技术培训和技能发展的交互平台。职业教育一方面对接社会和公众需求，是知识应用、技术创新和技能开发的系统反映；另一方面经由学校系统和规范的教育培训，职业教育是创新型、应用型和技能型人才的终端输出。简而言之，职业教育是特定领域内，回应"为谁培养人""培养什么样的人"的关键问题；是在知识应用和技术创新教育中，发挥人的主观能动性，发挥技术或技艺的智性和善性，避免走上"人为物役"异化歧途的客观实践。

在该背景下，在中国教育现代化进程中，现代职业教育产生出"新"的特征，包括新理论、新进展、新现象，形成了创新发展的新机制，呈现出职业教育开放发展、积极向上的精神风貌。在职业教育内部，创新创业教育成为一种主要的人才培养模式，促进了人才培养结构的优化，是对"以人为本"的个性化教育的回应，是对学生创新意识、创新精神和创新能力的重视。

一、比较视野中的"技艺"创新教育

"技艺"是一种职业概念。在修辞上，"技艺"被认为是与职业有关的劳动技能。在公元前 5 世纪的古希腊，"技艺"指手工业从业者的职业领域，如木匠、铁匠。经过柏拉图、康德、笛卡尔等哲学家的阐释，"技艺"析出了近代的"技术"与"艺术"，成为哲学领域"理性"与"感性"的二元认知。因此，"技术教育"和"艺术教育"成为知识创新的实践对象，在职业教育、美学教育等层面展开。

18 世纪以来，科学技术成为生产方式变革的主导力量，工业大革命促使劳动分工进一步细化，裂变出新的技术工种和职业领域。"技术"占据主导地位，在普通教育、职业教育中被提升到前所未有的高度。"技术"变革及其教育被认为是推动知识创新的第一源头和重要方式，被进行哲学的观照。技术是一种去蔽之道，其依靠人去挑战晦暗不明的状态和遮蔽之物。海德格尔在《人，诗意的栖居》中探讨了技术与人的命运关系，并指出"技术之本质并非任何技术的事物"①。技术被定义为实现目标的手段，成为人类改造世界、改变自身的工具，但是这依然是工具性的，还没有触及技术的本身。

技术的本质是人把自我揭示规定为长期储备能量的挑战性要求，是人在被要求和挑战的"框架"内依靠超出自身能力所力图主宰的某种东西。工具性作为技术的基本特征，不应该遮蔽技术本身。

（一）中外"技艺"教育解惑

亚里士多德在《尼各马可伦理学》中曾将知识分为三大类：纯粹理性、实践理性和技艺。纯粹理性指推论性、普遍适应的理论知识；实践理性指关于处理人与人之间关系的道德知识；技艺指通过实践才可以把握的知识。"技艺"教育一直贯穿西方的知识创新。工业革命以来，"技艺"教育更加注重实践，使务实、应用成为职业教育的重要特征。现代职业教育对创新教育的要求，使"技艺"教育被赋予新的理论内涵，在全球化进程加速的今天，创新教育对知识应用和更新的推动，促使其成为一种世界共识。

1. 外国"技艺"教育解惑

（1）古典文明时代的"技艺"。在古典文明时代，"技术"和"艺术"并不是那么的泾渭分明。在古典文明时代，制作工具、必需品等活动与朴素的艺术活动尚未分野，能工巧匠们既从事市政设施、住房建筑的手工制造，也从事雕塑、景观、园艺的制作。掌握熟练工艺和制作技艺的工匠是当时生产力的代表。比如，迈锡尼时期成熟的纺织、造船、制陶以及象牙和各种金属的加工技术将古希腊的物质文明推到了一个相当高的水准。工匠的突出贡献被写进《荷马史诗》。荷马称赞奥德修斯像一位高明的工匠，用黄金在银器上铸镶，凭借赫法伊斯托斯②和帕拉斯·雅典娜③教会的绝佳技艺，使每一件成品体现精美典雅。

---

① 马丁·海德格尔著，郜元宝译.《人，诗意地栖居》.北京：北京时代华文数据.2017.6：3.

② 赫法伊斯托斯是神界的能工巧匠，在古希腊神话中他是被载入史诗的工匠代表。

③ 帕拉斯·雅典娜是战争之神，也是工艺之神。她参与破坏，却也掌握高超的技艺，主导精美的工艺制造。

（2）现代的"技""艺"教育分离。工业时代的到来被誉为古典和现代的分水岭。进入工业时代后，机器的批量生产，使得"技术"与"艺术"从职业层面开始分化，凭借个人自由意志、创新意识和创造活动进行的艺术创作被赋予了高于"技术"的理性品质。虽然如此，"艺术"的高扬也未能遮蔽"技术"的品格。柏拉图在阐释"摹仿"时指出，"木工是根据理念来制造我们所使用的床和桌子，按床的理念制造床，按桌子的理念制造桌子。其他事物亦同样"。在亚里士多德的《尼各马可伦理学》和柏拉图的《理想国》中，"技艺"与明智、科学、智慧、理智一样，在德性中占有重要的地位，而后者又是现代文化体系三大格局（科学、技术、艺术）的主要来源。约翰·洛克在 1692 年发行的《教育漫话》中指出："我希望一个绅士也要学习一种技艺，一种手工的技艺；不止一种，应该学两三种，不过要特别注重一种。"洛克的"技艺"教育思想对当时的英国教育产生了极大的影响，对处于资本主义上升时期的英国培养技术技能人才提供了理论支撑。由于资本主义上升时期对技术、技能人才的大量需求，诞生了用于训练工人技能的职业教育，"技艺"教育中的"技""艺"二分，使"技术"教育和"艺术"教育的区别进一步拉大。作为"技术""技能"特征的"技艺"教育，和"职业教育"交融在一起，形成了新的学科——职业技术教育。

2. 中国"技艺"教育解惑

（1）中国古代的"技艺"教育。中国古代把手工劳动者拥有的一技之长称为"技艺"，"技艺"与"百工"①（或工匠、手工劳动者）是紧密相连的。"技艺"是"百工"传承的主要对象，"百工"是"技艺"实现的重要载体。"百工"始见于先秦典籍《考工记》中，随后经过西周、春秋战国的演变，"百工"成为对手工劳动者的通称。作为"百工"传承的主要对象，"技艺"的范畴随着手工行业规模的扩大和分工的精细化也不断地得到扩充，涵盖了农业、工业、科技、军事等方方面面，并在建筑、陶铸、家具、农具、军工、交通工具方面创造了无数的佳作。

---

① 《考工记》中指出："审曲面势，以饬五材，以辨民器，谓之百工"，即必须审察委曲，面向形势，对金、木、水、火、土五种材料进行加工，制作生产生活用具，这至今仍为工艺制作的基本法则。

中国对"技艺"教育的重视贯穿于整个中国教育发展进程中。"技艺"教育的物化成果由最初劳动工具演变为生产工具、生活用品。"技艺"传承的载体——"工匠"不仅获得从事生产和谋生的技能，而且也在我国古代"士农工商"四大阶层中确立了自身的地位。因此，作为"百工"传承的主要对象——"技艺"教育就显得尤为重要。比如，有学者指出，我国"技艺"教育的主要方式划分为家庭作坊式教育、官府艺匠教育机制、行会教育机制和自学教育四种类型。在我国手工业高度发达的古代社会里，"技艺"教育因手工业"父传子继"的传统，具有较为稳定的传承性。比如，《国语·齐语》中记载："少而习焉，其心安焉，不见异物而迁焉。是故其父兄之教，不肃而成，其子弟之学，不劳而能。夫是，故工之子恒为工。"其本质就是"技艺"通过"父传子继"的教育方式，使得传统工艺、技术得以传承和发扬。明清以来，社会分工日益精细，壁垒森严的社会逐渐向人尽其才的世界转变。这个世界肯定人的劳动、知识、技术，尤其是技术、技艺已经成为推动社会变革、发展的内在因素。比如，清初颜元在主持漳南书院期间，开设"文事""武备""经史"和"艺能"四科，其思想即是一种技能、技艺的世界观，这种注重技能、技艺和分科知识的世界观正是后来现代中国思想的肇端。

（2）新时代中国的"技艺"教育。2014年，我国在《国务院关于加快发展现代职业教育的决定》中指出："加快现代职业体系建设，深化产教融合、校企合作，培养数以亿计的高素质劳动者和技术技能人才"。其中，"高素质劳动者和技术技能人才"是我国当前职业技术教育人才培养的目标。"高素质劳动者"指生产实践一线上的劳动骨干和技术能手，如技工系列人才，其培养层次主要集中于中等职业技术学校。"技术技能人才"指具有一定的创新能力和理论水平，能应用智力技能、操作技能来进行工作，完成任务的人才，如技师系列人才，其培养层次主要集中在高等职业技术院校。"高素质劳动者和技术技能人才"在培养目标上尽管有层次的差异，但是从知识结构来看，它们又具有共性。首先，在能力层面都强调理论和实践相结合，在理论学习中突出知识应用。其次，在素质层面都强调素质教育与职业训练相结合，在素质教育中突出职业精神养成。再次，在角色定位层面都强调学生与学徒相结合，在学生角色中突出学徒身份。正是这种共性，打通了"技艺"教育走向现代职业技术教育的通途。目前，知识应用、职业精神、学徒制度正是我国打造现代职业技术教育体系的重要内涵，它们滥觞于"技艺"教育的父子相传、师徒相授、工师[①]善教、艺徒相习的传统。

（二）中外"技艺"教育比较

西方古典文明中的"技艺"是对"职业、行业、工艺、技术、工匠"等词语的不完全综合，后者是社会实践的具体形式，是后来西方职业技术教育赖以开展的具体途径。第二次世界大战后，西方工业界要求雇佣的毕业生拥有职业相关的技能，进而以技能为基础的课程在高等教育中占据的比重不断增大。比如，英国的国家职业资格委员会对职业技能的学习提出了更高的要求，制订了针对性的计划。中国古代文明中的"技艺"与"百工""工匠"具有天然的关系。其中，"工匠"内涵不断被赋予现代性，凝练出当前我国推进中国制造所倡导的"工匠精神"，成为当前工业文明的重要方面。正是中外"技艺"教育在职业技术教育领域具有的相似品质，使得中西"技艺"教育具有了通约性。

近年来，国际社会对技艺教育提出了更高要求，由技艺教育上升为"技艺"创新教育。这种要求主要体现在职业技术教育的创新教育层面。创新教育是个体和公众对知识的创新和应用，它既是"智"的创新（创新思维），也是"技"的创新（创新活动），更是"善"的创新（创新成果）。从职业技术教育视野观照，"技艺"创新教育的伦理价值主要体现为技术创新、工匠精神和全人发展三个方面。

（1）技术创新。"技艺"创新教育在技术的最高层面是推动技术创新。与普通学校相比，职业技术院校与行业、企业的合作需求更为突出，以至于这已成为职业技术教育发展的内在需求和办学特征。现代社会，"技艺"所处的外部环境不断变化，科学、信息、技术不断扩容和增量，由此导致"技艺"范畴被不断涌入的新技术、新工艺、新知识所扩充。职业技术教育在不断自我更新的同时，也在与行业、企业的互动中响应了后者的技术变革需求。通过吸收新的"技艺"，完成知识库存的"update"（更新），进而为企业解决生产、研发、销售等环节的实际问题。这既是职业技术教育开展创新教育的体现，也是职业技术教育的伦理价值写照。

----

① 据秦律《均工》云："工师善教之，故工一岁而成，新工二岁而成。"可见，官方工场中的"工师"具有教授学徒工艺技巧的职责，与今天的学徒制具有相似之处。

（2）工匠精神。"技艺"创新教育在品格的最高层面是"工匠精神"的释出。"工匠精神"是工业社会的产物，是指工匠在工艺制造中以追求卓越的意识，秉持专注精准的态度，运用精湛的技艺投入产品制造全过程的一种精神。因此，工匠精神既是一种技能，也是一种品质，它与τέχνη所蕴含的"能力""善"是互通的。平心而论，工匠精神并没有在中西方古代文化得到充分的发展，不但亚里士多德、柏拉图等先哲对技术持保留态度，中国儒道二家也不太待见"技术"。《庄子·天地》中，就表现了古代先贤对技术的不信任。[1]中西古代先贤对技术避而远之的背后是对人性功利的否定。但是，技术的拯救正蕴含在自身之中。正如前面指出，τέχνη具有"能力"和"善"的两个方面，它是"技术"和"智性"的共同体，"工匠精神"的释出和呼唤正是现代人摒弃"机心"，回归"技艺"的救赎之道，是现代人对"能力"和"善"的美好追求，是现代人在科技社会中诗意栖居的理想图景。

（3）全人发展。"技艺"创新教育在个体发展的最高层面是促进全人发展。全人，是真正全面持续发展的人，是不断追求完善的人，是具有主体性并能够掌控自身命运的人。当代科学技术是第一生产力，而且是先进生产力的集中体现和主要标志，科技进步和创新是发展生产力的决定因素。科技每前进一步，都是对技艺的革新。事实证明，人在不断更新的科技、技艺面前，需要不断接受职业技术训练，从而适应现代社会对新技艺的要求。因此，"技艺"创新教育客观上会不断促进人的持续发展，推动人的自我完善，推动人在知识、素质、能力等方面新的提升。

回望中国乃至全球过去100年的"技艺"发展、知识创新、信息爆炸、科技发展，我们发现，当社会制度在追求创新时，教育就会朝这个方向转变，创

---

① 《庄子·天地》记载：孔子的学生子贡从楚国游历归来，途经汉阴时，遇到一位正在取水浇地的老人。这位老人在水井的旁边挖了条隧道通到井里，抱着一个坛子取水，力气用了很多，见效却很小。于是，子贡便向他推荐了一个叫作"桔槔"的机械，即用木料打凿成机械，后头重，前头轻，提水就像抽水一样，一天可以浇一百亩地，不费多大的力气，收效却很大。但老人对此不屑一顾："我听我的老师说，有机械必有机械之事，有机械之事必有机谋之心。机谋之心藏在胸中，心灵就不会纯洁。心灵不纯洁，精神就会摇摆不定，没有操守。精神没有操守，就不能得道。我不是不知桔槔效率高，而是感到羞耻而不愿意用它。"

新教育才有可能成为教育系统的追求，教育改革才会在这方面有所作为。知识，尤其是科学技术知识对推动社会进步的重要意义，这在马克思主义经典作家中屡见不鲜，强调工业社会或机器生产的革命性，就在于它以"技艺"知识为基，以"智性"和"善"为导向。当前，现代人被信息技术引领至一个大数据时代，"技艺"作为知识的类型，具有了不稳定性。但是"技艺"所蕴含的"智性"和"德性"是为不同时代的人们孜孜以求的内在品质，也是人类面对"技术"做出不为物役的一种姿态。

二、中国职业教育的创新机制

创新发展战略是提高国家核心竞争力的必然选择。为了服务于此目的，形成有利于职业教育创新发展的内外环境和体制机制，从而对创新型、应用型和技能型人才培养起到推动作用，我国在制度设计、学校领域和教学实践三个方面进行了创新实践，推动了职业教育现代化发展。

（一）国家层面的制度安排

职业教育是一项系统工程，需要国家做好顶层设计和体制机制建设，做好职业教育各层次各要素的组织协调，统揽职业教育发展全局，在最高层次上寻求制约其发展的破解之道。其中，必要的法律规范和规章制度是引导职业教育系统发展的保障。改革开放以来，我国在法律制度、战略部署、政策体系、发展规划上对职业教育创新方面的促进，主要有以下几个方面。

1. 《中华人民共和国职业教育法》的修订

《中华人民共和国职业教育法》（以下简称《职业教育法》）的出台和修订是职业教育立法的标志性事件，意味着职业教育的法制建设渐趋完善，为职业教育创新发展提供了有利的法治环境。1995年3月，作为我国教育领域的基本法，《中华人民共和国教育法》正式颁布。该法第19条规定"国家实行职业教育制度"。1996年5月15日，历经13稿的《职业教育法》经审议通过，这是我国自中华人民共和国成立以来的首部职业教育法。《职业教育法》共40条，明确了职业教育的地位和作用、分工职责、总体框架、保障条件、管理体制。《职业教育法》的出台，标志着我国职业教育进入了有法可依、依法治教、规范发展的新时期。

2019年11月，教育部发布了《中华人民共和国职业教育法修订草案（征求意见稿）》，这是职业教育在社会变迁，职业教育功能与定位发生变化下的法律应对。1996 年以来，职业教育的内外环境发生了巨大变化，主要体现为职业教育的发展体系、人才培养结构、管理机制等方面已经无法满足经济社会的发展需求，必须要从顶层设计上加快修订，为职业教育创新发展提供法律依据。为此，2008 年以来，职业教育法修订就被提上了日程。2008 年 10 月 29 日，十一届全国人大常委会将修订职业教育法作为教育法律之唯一的立法规划，列入本届任期五年内的立法重点工作。2009 年年初，教育部根据国务院立法工作安排，正式启动职业教育法修订工作。2011 年，教育部完成了《中华人民共和国职业教育法修订草案（送审稿）》并报送国务院法制办，其后三年，该送审稿就一直处于征求意见中。2014 年 6 月，全国职业教育工作大会的召开加速了修订工作的进程。

2021 年 3 月 24 日召开的国务院常务会议通过了《中华人民共和国职业教育法（修订草案）》，决定将草案提请全国人大常委会会议审议，这意味着职业教育法修订取得了实质性进展。较 1996 年的《职业教育法》，修订草案对职业教育的创新机制有以下几方面的显著促进作用。一是首次明确了职业教育的定位，规定职业教育与普通教育是不同教育类型，其地位同等重要。二是明确了现代职业教育体系框架，规定国家建立健全职业学校教育与职业培训并重、"职普融通"的现代职业教育体系；打破了职业教育学历"天花板"，为技术技能型人才打通了上升通道；提出了加强职业教育学习成果认定、积累和转化，完善了国家资历框架，形成了"职普融通"的沟通机制。三是将产教融合和校企合作作为基本制度和重要制度，在财政、税收、融资等方面为社会参与职业教育奠定了保障机制；其他还包括职业教育的质量评价、经费投入和法律责任等机制，为职业教育提供了财政、质量及制度的驱动。

2. 国家战略的部署

国家战略主要包括科教兴国、创新驱动发展战略和对外开放战略。

（1）科教兴国战略。"坚持科教兴国战略和人才强国战略，坚持把教育放在优先发展的战略位置，继续大力推动教育改革发展，使我国教育越办越好、越办越强。"[1]科教兴国战略要求教育领域深化综合改革，促使职业教育在招

---

① 教育部课题组.深入学习习近平关于教育的重要论述 [M].北京：人民出版社，2019：32.

生考试、管办评分离和"三教改革"方面采取了有效措施，取得了实质性进展。比如，通过实施"职教高考"制度、1+X证书制度试点等，促使职业教育的教学模式和评价模式发生改变，并有力地促进了人才培养模式创新。

（2）创新驱动发展战略。《国家创新驱动发展战略纲要》指出："创新驱动就是创新成为引领发展的第一动力，科技创新与制度创新、管理创新、商业模式创新、业态创新和文化创新相结合，推动发展方式向依靠持续的知识积累、技术进步和劳动力素质提升转变，促进经济向形态更高级、分工更精细、结构更合理的阶段演进"。其还提出了八大战略任务，包括产业技术创新、原始创新、区域布局、军民融合、创新主体、科技工程、人才队伍、创新创业，对职业教育的体制机制改革、扩大开放、资源投入和环境营造等方面提出了要求。其后，职业教育领域深化改革，出台了《国家职业教育改革实施方案》《国务院关于加快发展现代职业教育的决定》等系列文件，这些文件是创新驱动发展下职业教育的回声。比如，《国务院关于加快发展现代职业教育的决定》指出："加快发展现代职业教育，是党中央、国务院作出的重大战略部署，对于深入实施创新驱动发展战略，创造更大人才红利，加快转方式、调结构、促升级具有十分重要的意义"。

（3）对外开放战略。职业教育对外开放是职业教育现代化的鲜明特征和重要推动力。2020年6月，《教育部等八部门关于加快和扩大新时代教育对外开放的意见》正式印发，其提出"在职业教育领域，将在借鉴'双元制'等办学模式、引进国外优质职业教育资源方面取得政策突破，鼓励有条件的国内职业院校与企业携手参与国际产能合作，着手打造'一带一路'国际技能大赛等品牌赛事。"近年来，在对外开放战略的引导下，中国职业教育在国际合作办学水平上有了很大提升，创建了新机制，打造了新平台，取得了新进展。比如，以天津职业教育为代表，在海外建立了一系列"鲁班工坊"，创立了中国职业教育国际品牌，配合国际产能合作，培养合作国经济社会发展急需的高素质技术技能人才，培养熟悉中国技术、了解中国工艺、认知中国产品的当地技术技能人才，为合作国青年高水平就业服务，为构建人类命运共同体服务。

3. 政策体系的推动

改革开放以来，职业教育领域出台了许多重要的政策文件，从政策出台的主体来看，形成了从中央、地方到学校的行政体系；从政策的治理体系来看，涵盖办学体制机制、职教体系、人才培养、校企合作、产教融合、教师队伍、发展保障等方面。比如，"十二五"以来，国家出台了《国务院关于加快发展现代职业教育的决定》《教育部关于深化职业教育教学改革 全面提高人才培养质量的若干意见》等政策文件，对体制机制改革有如下成效：从国家层面形成了统筹发展中、高职的局面；以集团化办学为载体，释放了多元主体合作办学的活力；构建了从中职到本科发展的职业教育成长通道；促进了专业教学标准的不断完善，专业目录修订取得重大进展。

4. 发展规划的出台

职业教育领域的发展规划（含计划）的出台对于健全职业教育发展体系，明确职业教育改革发展重点产生了巨大作用。党的十八大以来，国家出台了许多职业教育发展规划文件。比如，《高等职业教育创新发展行动计划2015—2018》《职业院校管理水平提升行动计划2015—2018》《现代职业教育体系建设规划（2014—2020 年）》《职业教育提质培优行动计划（2020—2023 年）》《中国特色高水平高职学校和专业建设计划》等。这些规划或专项计划规定了职业教育在治理体系、专业群建设、人才培养方面的重点任务，明确了职业教育发展层次及重点项目的标准，客观上为职业教育深化重点领域综合改革，创新发展机制提供了政策红利，有力地推动了职业教育的转型发展。

（二）学校层面的积极探索

除了国家层面的制度安排和战略支撑，职业学校自身的目标、理念和制度也为职业教育的创新提供了肥沃的土壤，主要有以下几个方面：

1. 职业学校的定位

虽然职业学校具有服务教育强国和人力资源强国建设、促进社会主义现代化建设的使命，但是职业教育的定位并非仅限于此，其在促进社会公平正义、人的发展上承担着同样重要的角色。职业教育在促进少数民族地区、贫困地区发展，帮助妇女发展技能，解决再就业、失业人员的劳动技能短缺，扶持残疾人就业等方面意义重大。比如，在"百万扩招"中，面向社会公众设置专门的招生计划；在招生和就业中，为弱势群体提供绿色通道，如免息贷款和就业扶持；在职业培训中，出台学习成果认定、积累和转换制度，为不同群体的差异化发展提供必要的支撑。

2. 培养目标的优化

职业教育具有自适性的人才培养目标动态调整机制，即随着经济社会发展，根据产业对人才能力和素质的要求，在不同层次的培养体系中，确立对应的培养目标，制定对应的课程体系和教学体系，从而为社会不同职业领域、工作岗位提供复合型人才。改革开放初期，中等职业学校是我国职业教育的主体，人才培养目标定位为中级技术人员。20世纪80—90年代，人才培养目标分层定位逐步清晰，仍然以中级技术人员或管理人员为主体，兼顾高级技术工人和初级技术人员，而高等职业教育主要培养一线高技术应用人才。20世纪末到21世纪初期，在培养目标上，中职以培养高素质劳动者和中初级专门人才为主；高职以培养实用人才和高等技术应用性人才为主。党的十八大以来，职业教育发生重大转变，中高职均转向质量型发展，培养目标上均培养技术技能人才，其中高职侧重创新创业素养、技术技能水平的培养目标，在学历上体现为"职业性"和"高等性"并重。

3. 院系调整

二级院系是职业学校的基本教学组织，对学校发展发挥举足轻重的作用。尤其是职业教育进入高质量发展新阶段，二级院系基础性作用能否得到充分发挥，将决定学校办学水平的高低。因此，围绕如何增强二级院系的基础创新能力，优化二级院系的资源配置，成为二级院系发展的关键问题。其中，专业（群）建设被视为二级院系改革发展的核心。教育部职业教育与成人教育司任占营指出，"专业（群）建设是职业教育与社会对人才需求的桥梁和纽带，是职业教育主动适应经济发展和产业升级的关键环节，事关职业院校的生存与发展"[①]。2019年4月，《教育部 财政部关于实施中国特色高水平高职学校和专业建设计划的意见》明确指出："面向区域或行业重点产业，依托优势特色专业，健全对接产业、动态调整、自我完善的专业群建设发展机制，促进专业资源整合和结构优化"。为此，丁金昌等学者提出了"以群建院"的二级学院发展思路及运行机制，指出"高职院校应该以专业群建设为重点，探索实施'以群建院'，突出协同性、开放性、系统性，聚焦新维度、新策略和新变革，实现高职院校

① 任占营.专业建设是提升人才培养质量着力点 [N].中国教育报.2016-1-26（4）.

高质量发展"①。该观点得到了业内许多院校的认同，包括东莞职业技术学院、浙江机电职业技术学院在内的"双高计划"建设单位依此进行了"以群建院"改革，积蓄了新的发展动力。

（三）教学层面的创新实践

教学是执行、检验职业教育机制是否有效的实践活动。职业学校通过三教改革、课堂革命和课程改革，促使学校教学形成有利于教育教学创新发展的内部环境。

1. 三教改革

2019 年 4 月 4 日，孙春兰副总理在全国深化职业教育改革电视电话会议上强调，各地各职业院校要认真落实职教改革方案，加大"三教"（教师、教材、教法）改革力度。随后颁布的《国家职业教育改革实施方案》明确提出了"三教"改革的任务。"三教改革"中，教师是根本、教材是基础、教法途径。"三教改革"的目的是提升人才培养水平，增强技术技能人才的发展能力，其是新时期职业院校深化教学改革、加快内涵式发展的必然路径，具有综合性、联动性和规范性的特点。

2. 课堂革命

课堂是教学的主阵地，是育人实践的关键环节。职业教育"课堂革命"是革新课堂形态，革除知识本体、教师主体和教师局限的弊端，建立一种新的教学场域、教学范式、学习范式和师生关系。具体而言，一是信息技术与课堂教学深入融合，打造智慧课堂，实现从"为教而教"向"为学而教"转变；二是树立成果导向教育理念（Outcome Based Education，OBE），重构"教"与"学"的关系，构建以学生学习成效为导向的评价体系；三是强化课堂的实践特征，明确实践教学的标准、任务和质量评价标准，倒逼教师实践能力提升。

3. 课程改革

职业教育课程改革是职业教育和教学改革的核心。校企合作、产教融合是职业教育的基本制度，要求职业教育课程适应校企合作、工学结合的人才培养

---

① 丁金昌，陈宇．高职院校"以群建院"的思考与运行机制 [J]．高等工程教育研究，2020（3）：122–125．

模式。改革开放以来，我国职业教育课程模式在加拿大社区学院能力本位课程、德国"双元制"核心阶梯课程及学习领域课程、英国商业与技术教育委员会课程、世界劳工组织技能模块课程等影响下，发展出"理论＋实践"的模块课程、"宽基础、活模块"课程、项目课程以及基于工作过程的系统化课程，[①]反映了我国职业教育在经济社会不同时期的课程发展倾向。目前，我国已经构建了以能力本位为导向的职业教育课程教学体系，从国家到省校建立了数量可观、质量较好的课程资源，基本适应了学生学习规律和特点，对职业教育创新发展和教育教学改革做出了有效回应。

三、中国职业教育创新创业教育

习近平总书记强调："创新是社会进步的灵魂，创业是推动经济社会发展、改善民生的重要途径。青年学生富有想象力和创造力，是创新创业的有生力量。"职业教育加强创新创业教育，是提高人才培养质量的重要举措，是深化职业教育人才培养模式改革的新探索，是职业教育主动适应、积极回应时代呼唤的创新实践，具有现代性的特点。

（一）创新创业概念

1. 创新

创新（Innovation）是经济概念，指对不同经济要素的重新组合，是人能动的创造性活动。美籍奥地利经济学家约瑟夫·熊彼特被认为是创新理论的鼻祖。他提出，创新就是建立一种新的生产函数，即把一种从来没有过的关于生产要素和生产条件的"新组合"引入生产体系，这种新组合包括五种情况：采用一种新产品、采用一种新的生产方法、开辟一个新市场、掠取或控制原材料或半制成品的一种新的供应来源以及实现任何一种工业的新的组织。[②]

现代创新理论包括科学创新、技术创新和制度创新三个维度，蕴含了创新创业教育之目的及意义：通过开展创新创业教育，促进科学技术创新，形成与之相适应的制度模式。创新是推动职业教育改革发展的动力，职业教育要想走

---

① 姜大源.世界职教课程改革的基本走势及启示[J].职业技术，2008（11）：4-10.

② 约瑟夫·熊彼特.经济发展理论——对于利润、资本、信贷、利息和经济周期的考察[M].何畏，易家详，张军扩，等，译.北京：商务印书馆.1990：73-74.

近世界职业教育舞台中央，就要不断创新发展模式，培养创新型、应用型和技能型人才，发挥职业教育在科技进步、社会发展、民族复兴中的驱动作用。

2. 创业

"创业"一词的概念源于"entrepreneur"，意为企业家、创业者。创业是一种创新性活动，其本质是独立地开创并经营一种事业，使该事业得以稳健发展、快速成长的思维和行为的活动。杰弗里·蒂蒙斯在《创业学》中指出："创业是一种思考、推理和行为方式，这种行为方式是机会驱动的，注重方法和与领导相平衡。"熊彼特认为，创业是实现创新的过程，而创新是创业的本质和手段。美国企业家罗伯特·荣斯戴特认为，创业是一个创造增长的财富的动态过程。财富是由这样一些人创造的，他们承担资产价值、时间、事业承诺或提供产品或服务的风险。他们的产品或服务未必是新的或唯一的，但其价值是由企业家通过获得必要的技能与资源并进行配置来注入的。

从上述推导可知，创业具有广义和狭义两个层面的含义。广义的创业为人类的创造性实践活动，具有经济、政治和社会意义。狭义的创业是指经济领域内个体在识别机会、整合资源的作用下，创造价值的实践过程，主要指创办企业或者自我雇佣式的独立经营活动。本书的研究对象主要是狭义层面上的。从功能上来看，创业具有四个方面的功能：带动就业、创造价值、促进创新、推动发展。从创业结果来看，创业是一种风险性较高的创新实践活动，因此营造允许试错、宽容失败的机制和环境，是调动社会开展创业的有力举措。

3. 创新教育和创业教育

创新教育是创新创业教育的特质，创业教育是创新创业教育的目标。创新教育强调实践的开拓性与原创性，创业教育强调识别机会，将创业想法付诸实践的教育实践。创新教育的逻辑起点是创新人才的教育，是服务于创新型人才培养的教育模式或者方法。因此，创新教育的根本是创新人才的教育。创新人才包括人在心理、精神层面的创新，如创新性思维和批判性能力；技术技能方面的创新，如方法创新、环节创新、工艺创新。为了适应创新型人才发展，就需要与之相匹配、有别于"传统"的教育模式。为此，创新教育就被作为实现创新人才培养的手段的一种范式。这种范式包括工学结合、小班教育、因材施教、学分制度改革、素质教育、创业教育。创业教育是学校培养学生识别机会、整合资源、将创意付诸实践，并创造价值的教育。美国考夫曼企业家精神研究中心将创业教育定义为向个体教授理念和技能，以使其能识别创业机会、勇于尝试的事情，包括机会认知、风险性的资源整合、开办新企业及其管理等内容。创业教育所涵盖的知识或能力并非"创办企业"的程序化工作，还包括判断能力、管理能力、风险管控能力以及必要的专业技能的掌握。这也是联合国国际劳工组织开发的"创办你的企业"项目（Start Your Business）的培训内容。中国教育界最早鼓励支持高等学校开展创业教育的政策文本是 2012 年教育部印发的《普通本科学校创业教育教学基本要求（试行）》，也是为数不多聚焦创业教育教学发布的专项文件。2012 年之后，创业教育和创新教育融合度不断加深，系列文件以"创新创业教育"为名，将"创新创业"视为一体两面的实践活动，促使"创新创业教育"成为中国教育的新常态。

创新教育重视对人的发展的总体把握，是以培养受教育者的创新素养、提升受教育者的创新潜能为最终宗旨；创业教育则重视对人的价值的具体体现，是指以培养学生的创业意识、精神、素质为宗旨，使其形成创业初步管理技能的教育活动，以此满足社会生存需求、促进经济社会的全面发展。创业教育的有限性决定了创新教育迟早都要全面回归到教育制度设计的总体上。此外，创业教育所承担的创新教育内容，在范围上应以不影响创业教育自身的专业化进程为界。创新与创业教育是两个不可分离的教育理念，二者的价值取向目标是一致的，均是对受教育者创新精神与实践能力的培养。尽管二者提出的问题的时间先后与角度不同，但已成为历史性的课题在新时代被提出，都是大力推动实施素质教育的核心内容，其被视为一种新的教育思潮，因此创新教育与创业教育应该是一个统一的系统。

（二）创新创业教育发展概述

创新创业教育是伴随着创新创业实践的发展，在教育领域的理念和模式反映。1998 年 5 月，清华大学举办了首届创业计划大赛，被视为中国教育界创新创业教育之先声。2002 年，教育部将中国人民大学、上海交通大学、武汉大学等 9 所高校确立为创业教育试点，预示着创业教育作为一种教育模式，进入了中国教育改革发展的主流。经过高等教育 10 多年的创新实践，创新创业教育作为教育的补充形式，从支流汇入了教育的主流，并影响了职业教育的教学生态和课程结构。

2010 年 5 月，《教育部关于大力推进高等学校创新创业教育和大学生自主创业工作的意见》正式将"创新创业教育"作为一种教学理念与模式，对创新创业课程体系建设、师资队伍建设、实践活动开展、质量跟踪体系以及理论研究提出了要求。

2015 年 5 月发布的《国务院办公厅关于深化高等学校创新创业教育改革的实施意见》指出："深化高等学校创新创业教育改革，是国家实施创新驱动发展战略、促进经济提质增效升级的迫切需要，是推进高等教育综合改革、促进高校毕业生更高质量创业就业的重要举措"。该文件将创新创业教育上升到国家战略，成为服务国家创新驱动发展战略的重要举措。该文件还强调，要建好一批职业院校实训基地，举办全国大学生创新创业大赛，办好全国职业院校技能大赛，将职业教育的技术技能教育作为创新创业教育的重要方面，为职业教育深入推进创新创业教育改革指明了方向。

2012 年 8 月，教育部发布了《普通本科学校创业教育教学基本要求（试行）》，标志着创新创业教育的教学有了规范文本。该文件从创业知识、创业能力和创新创业精神三个维度，对教学内容、教学方法和教学组织进行了明确，尤其是对创业课程的具体内容和教学要点进行了分类引导。

从高等职业教育的人才培养能力结构来看，创新思维、创业能力是"高素质技术技能人才"的应有之义。在创新创业教育的推动下，职业教育深化了"创新型、应用型和技能型"人才培养改革。其中，创新是前提，应用是桥梁，技能是目的，旨在壮大高水平工程师和高技能人才队伍，由此形成了职业教育人才培养的倒逼机制。

（三）中国创新创业发展现状

1. 中国创新创业发展进程

改革开放以来，我国经历了三次创新创业浪潮，第一次是 1978 年党的十一届三中全会以后，以创办乡镇企业、城镇个体户和私营企业为特征的"草根创业"。第二次是 1992 年以后，以下海经商为特征的创业浪潮。第三次是进入 21 世纪后，伴随着互联网技术、风险投资以及资本市场的发展，以互联网新经济为特征的创业。当前，中国创新创业正步入第四个浪潮。第四波浪潮创业者具有以下四个机遇。

一是中国互联网网络快速成长，微信、中国移动、微博、淘宝等互联网平台已经植入人们的生活，改变了人们的商业模式、消费习惯和人际交往模式。二是"大智云物移"时代正重构社会生态，即以大数据、人工智能、云计算、物联网、移动互联网构成的五大科技趋势，促使当前的世界正快速形成一个有别于现实世界的虚拟存在，它与现实社会相互补充，相互依存。三是创业成本不断下探，回报率和创业成功率提升。在传统行业中，创业需要付出较大成本，场地、硬件、物流、信息流等都需要较大费用；而在"大智云物移"时代下，传播渠道宽广，场地依存度降低，硬件及消耗品选择多元，价格不断下探，云销售可以让销售成本大大减低，从而也就拉低了创业者的创业成本，提高了创业成功率和回报率。四是天使投资应用性更广。由于创业成本的降低，过去天使投资动辄上千万的投资规模被降低为百万左右，这样让更多的项目可以得到天使投资的青睐，同时也可以让天使投资管理者将目光投向更有潜力的项目，扶持更多的中小微企业，进而壮大了创业规模，拓宽了创业格局。

2. 新阶段中国创新创业的特征

在新阶段，我国经济正步入一个动力切换、结构转变、阶段更替和风险释放的关键时期。在新阶段，"创新红利"的作用将远远超过前三次浪潮中的任何一个时期。当前，我国创新创业环境向好发展，在商事登记、财税融资、风险投资、人才培养等方面形成了较为完备的制度体系，加之国家层面先后出台了《国务院办公厅关于进一步支持大学生创新创业的指导意见》《国务院关于推动创新创业高质量发展打造"双创"升级版的意见》等文件，鼓励和支持各行各业开展创新创业，降低了创新创业成本，因而形成了鼓励创新、支持创业的法治环境、营商环境和教育环境。我国深化"放管服"改革，推进商事制度改革试点，使准入环境进一步优化，竞争环境稳步改善。截至 2018 年 9 月底，全国新创立的市场主体占总数的 73%，新创立的企业占总数的 72.2%。

与此同时，创新创业的科技含量稳步提升。科技型中小企业规模快速壮大，使就业效应不断增强，创新创业体系不断完善；创新创业与实体经济的融合度不断深化，创新创业的国际合作面向不断深入，尤其在服务国家战略需求上，一大批具备产业竞争力的科技企业崛起，推动了战略性新兴产业的发展。据《2021 世界竞争力报告》显示，我国（不含港澳台地区）竞争力排名从 2020 年的第 20 位上升到第 16 位，在经济绩效、政府效率、商业效率和基础设施 4

个指标上，中国分别排第 4、27、17 和 18 位。

（四）创新创业教育的实现路径

1. 加强创新创业课程建设

创新创业课程是为达到创新创业教育目标而开展教学实践的基本单元，是创新创业教育的基本运行手段。我国职业院校普遍都开设了创新创业方面的课程，包括创新思维、企业管理、创业营销、技术创新等，课程特征是通识教育课程、专业教育课程、技术技能课程和实践课程的融合。职业教育创新创业教育课程强调技术技能培养，尤其是要掌握创业所需的基本技能。产、学、研、赛、创一体化的课程内容改革是实现创新创业教育的根本保证。职业院校创新创业教育课程要对接行业新知识、新技术、新工艺，对接社会前沿问题，传播最新前沿理念，学习最新的创新创业技术，以适应创新创业新阶段，让学生获得较全面的发展。具体而言，可以通过四个方面的举措来实现。

（1）加强校园文化项目和创新创业项目融合，打造创新创业素质课程。职业院校以科技文化创新节、大学生工商模拟市场等校园文化项目为载体，将职业院校社团文化、企业文化与创新思维训练、创新创业实践等课程相结合，形成创新创业素质课程，面向全体学生开设，培养学生的创新意识和创新精神。

（2）加强专业教育和创业教育融合，打造创新创业专业技能课程。以校企合作开发的专业实训课程项目为载体，将创新创业实训教学和实践项目与专业实训教学相结合，打造创新创业技能课程。课程由创新创业导师、实训教师承担，目的是培养学生的创新创业实践技能。

（3）加强创新创业竞赛与教育相融合，打造创新创业能力提升课程。以"挑战杯""互联网＋"和职业院校技能竞赛等项目为载体，将竞赛内容与创新思维、商业计划提升等课程相结合，打造双创能力提升课程。课程由创新创业导师面向参加比赛的学生开设，目的在于培育并提升学生的双创实战能力。

（4）加强科学研究与创新创业教育相融合，打造创新创业拓展课程。以企业技术创新项目、社会服务项目、攀登计划等为载体，将技术研发过程与创业孵化指导、创业融资等课程相结合，打造创新创业拓展课程。课程由创新创业项目指导团队面向技术研究和创业团队学生开设，旨在促进技术转化和成果孵化。

2. 加强创新创业教师队伍建设

职业院校教师队伍建设以"双师型"教师为重点，在技术素养和技能水平上具有优势。同时，得益于学校和产业的密切联系，企业界为职业院校提供了良好的师资储备。同时，由于受到职业教育的就业导向、人才培养方向等因素影响，职业院校教师的创新能力没有得到充分发挥，因此需要通过加强校企双元、促进跨界融合的方式，提升教师创新创业水平。具体而言，有如下三个方面的着力点。一是在师资队伍的招聘机制上要大胆改革，勇于突破传统的人才引进机制，转变唯学历的导向，侧重创新力和创业经验的选聘标准。二是专创融合，建双创技能课教师队伍。加强专业课教师的双创素质和能力培养，培训专业课教师将双创教育的理念、案例、项目融合到专业课教学，通过结合专业课程教改、双创竞赛项目迭代等方式，评定兼具双创素质和专业能力的双创技能课教师。三是跨界融合，打造项目指导团队。依托创客中心、学生社团、技能工作室等，融合多领域、多学科的教师、企业人员组建复合型项目指导团队。

3. 营造"双创"文化氛围

发挥学校社团的"引流"作用，依托社团开展创新创业类的活动，一方面可以潜移默化地培养学生的创业素质和能力，另一方面对于学生形成良好的组织管理能力、沟通协调能力和人际交往能力十分有效。职业院校要积极用好第二课堂的平台，精心设计创新创业主题，集聚校内外的优质资源，开展一系列校园文化活动、社会实践活动，使学生的职业素质得到显著提高。

首先，职业院校可以依托"三下乡"、振兴乡村等社会服务活动，组织师生对政府部门、行业企业、社会机构等进行调研，了解当地经济社会的运行状态和政策导向。其次，职业院校可以组织学生参加各级各类的创新创业竞赛活动，开展学生职业生涯规划策划大赛等，培养学生掌握测评工具，对自身的发展状态进行自我评估，找准职业发展的定位，明确人生在各个阶段的基本特点，实现岗位与人的职业能力、职业兴趣相匹配。再次，职业院校可以举办专题报告、专题讲座及创业教育座谈会，讲述身边人的创业故事，让广大学生信服创新创业教育的益处和价值，克服心理障碍和创业恐惧心理。

4. 深化"专创融合"教育

将创新创业教育与专业建设协同并进是职业教育改革发展的必然诉求，并具有得天独厚的环境。职业院校的专业建设依托区域经济社会发展的需要，注重产教融合、工学交替，这与创新创业教育的教学理念和教育手段不谋而合。一方面，职业教育要尽快改变传统单一的专业教育理念，充分认识创新创业教育的重要性；另一方面，深刻理解创新创业教育是专业教育的进一步延伸和深化，是时代赋予高等职业教育的新使命。两者相互联系、相辅相成，不可厚此薄彼、顾此失彼。

（1）建立专业教育与创新创业教育有机融合的人才培养新机制。职业院校应以需求为导向积极调整专业结构，建设专业群，促进人才培养由专业单一型向跨专业融合型转变；应以创新精神、创业意识和创新创业能力作为评价人才培养质量的重要指标，修订专业人才培养方案、评价标准，细化创新创业素质能力要求；应以科教协同育人行动计划等为契机，探索建立校校、校企、校地以及国际合作的协同育人新机制。

（2）健全专业教育与创新创业教育有机融合的教学课程新体系。职业院校要根据人才培养定位和创新创业教育目标要求，挖掘和充实各类专业课程的创新创业教育资源，实现专业课程与创新创业教育的交叉、渗透、融合，在传授专业知识过程中加强创新创业教育。

（3）搭建专业教育与创新创业教育有机融合的创新创业实践新平台。为了让大学生在专业创业实习中更好地认识创业艰辛、历练创业能力、积累创业经验，职业院校应积极搭建有利于专业教育与创新创业教育有机融合的创新创业实践新平台，如大学科技园、大学生创业园、创业孵化基地和小微企业创业基地，以实实在在的创业项目对学生进行实战训练，最终将专业教育与创新创业教育的有机融合落实到创新创业实践中来。

第五章　不确定性与国际化

虽然中国现代职业教育起步较晚，但在短期内已经取得了举世瞩目的成绩，尽管如此，参与职业教育全球治理的经验还不够丰富，视野还不够开阔。从某种程度上而言，职业院校参与国际竞争的主观意愿还不够强烈：许多职业院校只是把国际化作为学校办学的"锦上添花"；职业院校国际教育部门边缘化；学校国际战略发展水平不高，缺乏整体规划；教育主管部门的国际合作数据采集指标设置比较单一；等等。

21世纪，职业教育国际化面临的挑战依然很多，"不确定性"（Uncertainty）是最大的敌人。逆全球化、公共卫生事件、战争冲突、意识形态对抗等"变量"放大了职业教育国际化的焦虑和压力，使世界职业教育的合作与交流蒙上了阴影。在"不确定性"因素的影响下，职业教育国际化如何突围？

不确定性是挑战，也是机遇。海森堡指出："在因果律的陈述中，即'若确切地知道现在，就能预见未来'，所得出的并不是结论，而是前提。我们不能知道现在的所有细节，是一种原则性的事情。"既然不确定性的变量不可避免地影响眼前的国际合作，从而改变合作的状态、方式、路径。那么，中国职业教育国际化有更充分的理由利用信息技术、全球化、知识共同体等手段塑造新的合作模式，构建新的教育国际合作格局。这是中国职业教育走向世界职教中心的战略定力。

第一节　对外开放：职业教育国际化进程及挑战

从以新航路开通和地理大发现为全球化标志的15世纪末算起，到现在的500多年间，经济全球化可以划分为殖民时期、冷战时期和新自由主义市场化三个历史阶段。在此过程中，职业教育国际化呈现出自身的发展轨迹。进入21世纪，在"逆全球化"和疫情大流行的双重挑战下，职业教育国际化面临前所未有的挑战，亟待世界各地共同应对解决。

职业教育国际化是指一国或地区积极参与职业教育国际交流、分工、合作、服务与竞争，职业教育要素聚集、流动和对外扩散的历史进程。职业教育国际化项目主要包括学历教育、学分互认、研学计划、实习实训、证书考取、专业认证、师资培训、校区建设等内容。

全球化时代，职业教育成为许多国家的重要产业之一，职业教育国际化具有了商业化的趋势。西方发达国家面向发展中国家放宽发放签证和其他移民政策，积极开发升学项目，建设海外分校，承接师资培训项目等，提升职业教育国际化项目的吸引力。近年来，美国、加拿大、澳大利亚等国家在菲律宾、马来西亚等国家和地区建立海外分校，推广"专升本"项目，大量吸收亚洲发展中国家高职高专院校生源，使得职业教育国际化向生源地前移，加快了地区职教生源的国际流动。

一、国际视野下的职业教育国际化进程

（一）殖民主义时期的职业教育国际化

关于国际化和流动性的历史观点表明，在殖民主义时期，为争夺原料、市场、劳动力和殖民地，欧洲资本主义国家将职业教育殖民化，通过教育及国际交流的方式传播殖民者的文明样式和文化范式。资本主义国家一方面使用暴力手段迫使被殖民国家丧失独立主权地位；另一方面通过教育渗透、知识技术与权力策略，使被殖民国家、地区沦为西方话语体系的"注脚"。广义上，职业教育国际化是西方发达资本主义国家的意识改造和话语符码化。比较教育学家阿尔特巴赫就曾指出第三世界的大学是殖民机构。这些大学几乎毫无例外地建立在某种西方的范式上，反映着西方体制下多种价值观念和组织形式；其很多老师曾在外国受训，因而在许多情况下，其教学语言用外语。资本帝国主义国家在殖民地的种植业、采矿、香料等劳动密集型产业中，广泛采用西方社会的标准，推行具有等级意识、殖民意识的职业规范，大量培养劳动者，使欧裔人口在世界的政治经济和文化中取得了优势地位。

1835年2月，时任英国公共教育总会会长的英国政治家麦考利为印度制订了一套教育方针，提出在印度创立西方式的全部教育制度，目的是形成"一个阶层，他们虽然有印度人的血液和肤色，但有英国人的情趣、信念、道德和智慧。"[①] 这一思想主导了当时乃至今天的印度教育。西方国家的主流思想被殖民者以教育培训、技能训练等方式融入被殖民国家的知识体系中。在殖民统治

---

① 樊惠英．印度职业技术教育发展的回顾 [C]// 中国地方教育史志研究会，《教育史研究》编辑部．纪念《教育史研究》创刊二十周年论文集（20），2009：1-5.

结束后的几十年里，西方国家通过教育援助方式帮助发展中国家建立职业训练中心，提升人员的劳动技能，这种援助手段带有服务西方国家的政治和经济发展的愿望。被殖民化和边缘化的落后国家，它们的教育国际化是在殖民者中心意识下被遮蔽的结果，不会因为殖民统治结束而马上中止，仍有可能受到持续的殖民化影响。

（二）工业化发展时期的职业教育国际化

各国工业化和现代化的历程无不伴随着职业教育大发展的过程。冷战时期，世界分为东西方两个阵营，职业教育国际化在各自的阵营中迅速发展，职业教育理念、标准、模式在各自阵营中流通，同一阵营内的国家之间实现师生互派、项目共建、互助合作等高度融合，为稳定当时的世界秩序，促进经济发展，推动工业化进程提供了支撑，许多国家在这个阶段实现了由农业国家向工业国家转变。20世纪60年代，实用主义价值理念在北美盛行，美国和加拿大在以社区学院为主要形式的职业教育领域保持高度合作。加拿大的社区学院借鉴了美国社区学院的办学模式与理念，在电子信息、工程技术等专业领域开发出系列实用课程，反向吸引了美国教育机构及企业前往学习，构成了互学互鉴的良好合作关系。比如，加拿大的乔治布朗学院（George Brown College）开设的电子通信网络课程吸引了来自美国200多家大型企业（如克莱斯勒公司、通用汽车公司、波音公司）管理者注册学习，该学院还与美国俄亥俄州的霍金学院（Hocking College）、加利福尼亚州的米拉科斯达学院（MiraCosta College）、罗德岛的强生威尔士大学（Johnson & Wales University）建立了密切的合作关系。在东方，社会主义阵营的职业教育国际化主要受到苏联的影响。中华人民共和国成立初期，在"友好同盟互助"的战略关系背景下，苏联大量吸收我国学生前往留学，如今天的乌克兰哈尔科夫国立理工大学还保存着当年中国留学生的学习记录。苏联还选派工程师、专家和技术人员来华，帮助我国调整和建设高等院校、中等职业技术学校，为我国发展工业化奠定了良好的教育和工业基础。

20世纪中叶，西方成熟的工业体系促进了科学技术的进步，推动世界步入以高技术产业为主的后工业化时期，全球分工日趋细化，经济全球化进程加速。同时，受到本土劳动力成本增加、原材料需求以及产业转型需求等影响，西方国家许多跨国企业纷纷将附加值低下、劳动密集型的加工产业向发展中国家和地区转移，如可口可乐、雀巢公司、联合利华、沃尔玛、家乐福等跨国企业在发展中国家、地区设厂，或者扩大生产经营规模，客观带动了第三世界工业和服务业的发展。20 世纪 60—90 年代，新加坡、韩国、中国香港和中国台湾四个新兴经济体的崛起，可以将其视为对西方劳动密集型产业转移的良性反应。该阶段正是包括中国在内的许多发展中国家职业教育国际化的现代起点。在这种背景下，制造业和服务业需要熟悉掌握国际规则、通晓跨国语种的技术技能人才。为响应国家工业化发展需求，西方社会采取有力措施，加大职业教育国际化改革力度，如成立联合国教科文组织和世界银行协调全球教育事务的国际组织、设立留学生奖学金、扩大国际学生招生规模、援助第三世界发展教育、开设外国语言课程、设立外国研究项目等，目的是为了服务跨国企业"走出去"，提升企业的国际竞争力。因此，西方国家在推进工业化过程中，职业教育国际化因为承担着服务国家经济社会发展的角色，被打上了工业化的烙印。

（三）市场化的职业教育国际化

长期以来，教育作为一种公共事业，由于效率低下和资源浪费，被西方学者广为诟病。20 世纪 80 年代初，以美国经济学家弗里德曼为代表的新自由主义者提出鼓励开展竞争，在政府传统主导领域（如公共服务、教育）中发挥市场作用，以改变公共事业效率低下、质量不高的弊端。该观点得到包括哈耶克在内的许多经济学家的倡导。教育、文化、体育、旅游等都被以市场化的方式为各国竞相角逐、支配和争夺话语权，促使世界进入了新自由主义市场化阶段，它表现为世界各国在统一的市场上相互竞争又相互合作的一种关系。

由于政府对教育减少投入、知识经济需求以及不断变化的劳动力市场等原因，迫使职业教育国际化依附于国际贸易，成为全球经济市场化和商业化的一部分。西方国家以市场为导向开展了职业教育国际化改革，以更灵活的方式将本国职业教育推向全球，扩大本国职业教育在国际教育市场中的份额，包括扩充海外留学生招生规模，选派老师到国外开展教育与培训，与国外院校合作举办海外分校等。

在美国和澳大利亚，越来越多的国际学生将职业教育作为与高等教育沟通的手段。过去 10 多年里，两国社区学院成为国际学生留学的重要选项。2014

年，澳大利亚职业教育的国际学生注册数量仅次于高等教育，较 2013 年增长 10.1%；美国社区大学国际学生入学率占国际学生总数的 40%。据美国《2016 年门户开放报告》（*Open Doors 2016*）数据显示，2015—2016 学年，国际学生为美国经济贡献了近 360 亿美元，其中有四成以上来自职业教育领域。

德国"双元制"职业教育模式在降低失业率、提高就业竞争力方面得到全球公认。德国联邦政府设立"职业教育国际化"项目，鼓励联邦教研部（BMBF）积极参与全球教育市场竞争，推动参与项目的德国教育机构与国外伙伴开展全球职业教育商业模式。2017 年，德国联邦教研部已经与全球 19 个国家签署职教合作协议，包括美国、墨西哥、印度、哥斯达黎加、突尼斯和中国等，合作项目主要围绕"双元制"开展师资培训、共建实训基地、开发教材等，进一步扩大了德国"双元制"职业教育在全世界的影响力，使"双元制"成为德国职业教育的招牌。与德国"双元制"类似的，还有英国的学徒制、美国的 OBE 模式等，它们积极参与全球教育竞争，在国际会议中发声，加大教育模式与理念的输出，吸纳国际机构组织和院校前来学习，赢得了国际声誉。

二、职业教育国际化发展的问题与挑战

职业教育国际化在机制建设、认知领域和满足需求等方面还存在短板。疫情背景下，复杂多变的国际关系导致职业教育对外合作交流受阻，也使职业院校的国际化发展在中外合作办学、师生国际交流、学术国际流动等方面遭遇前所未有的挑战。

（一）存在的问题

1. 职业院校内部国际化发展不均衡

二级院系是职业院校国际化发展的基本单元，支持和鼓励二级院系开办中外合作办学项目，开展中外合作及人文交流，是职业院校扩大对外开放的普遍做法。但是，由于职业院校各二级学院的发展水平不一致，专业（群）建设能力存在差异，加之职业院校的校院两级管理机制不够健全，国际化的办学资源不均衡，导致职业院校内部国际化发展的不均衡。比如，有的院系引入了外籍教师、开设了中外合作办学项目，其"海归"以及具有外资企业工作经验的国际化人才储备丰富，在国际化发展方面具有优势；相较于此，其他院系则缺乏经验和必要的经费、师资以及项目支持。因此，如何建立健全校院两级管理机制，

有效撬动二级院系参与国际化发展，发挥财政资金的使用效能，建立国际化合作项目的管理和评估机制，还需要进一步深化探索。

2. 师生对国际化认知存在偏差

"加强对外合作交流，提升国际化水平"是上至国家教育主管部门，下至职业院校事业发展规划的重要方面，但在实践层面存在一些误区。一是追求参与和规模，参与国际化作为提升办学形象的主要关注点，缺乏对带动人才培养水平、专业建设、教师发展等内涵方面的深层次考虑。二是将参与"一带一路"简单理解为"走出去"，部分职业院校在制定高水平专业群建设任务中，热衷"走出去"，但是缺乏必要的合作基础，在课程、师资、专业等方面没有成熟的思路和准备。三是对"引入"缺乏理性认知，对引进师资的专业水平缺乏充分的调研，引进来之后需要经过较长时间的磨合，"失败成本"过高。四是在服务企业走出去方面，职业院校与"走出去"企业之间的合作虽有尝试，但是需求信息了解得还不够充分，有效的服务模式、路径尚在摸索阶段。

3. 学生国际化发展程度和满足度较低

随着我国经济社会发展水平的提高，人民的物质文化生活有了很大改善，对国际教育表现出更加积极的意愿。尤其在高等职业教育领域，一方面希望通过国际教育扩大学生国际视野，提升技能水平；另一方面，在国内相较狭小的学历上升通道下，通过海外留学提升学历层次，增强发展的竞争力。但目前来看，职业教育学生的国际化发展程度相对不高，如外语交往能力不强，对专业发展和职业规划缺乏前瞻性。与此同时，职业院校所提供的国际化发展项目有限，宣传度不足，无法满足学生多元化和个性化的需求。

（二）面临挑战

1. 逆全球化发展是国际合作交流的障碍

2018 年 6 月以来，中美贸易摩擦持续升温、全球贸易保护抬头，"逆全球化"成为阻挠全球经济贸易、教育等领域合作交流的主要绊脚石之一。我国教育对外开放大力开辟新的合作领域，加大与"一带一路"沿线国家合作。除了巩固原有的合作领域，开拓新的"朋友圈"成为"逆全球化"下的我国职业教育界的新选择。但是，与发达国家相比，我国高职教育国际化还处于起步阶段，在国际化发展过程中，面临政治、经济、社会、文化等方面差异带来的挑战。

其中，美国收紧中国学生留学签证、在工程技术等专业领域限制中国学生进入、延长审查周期等手段，可以被视为"逆全球化"在教育领域的反应。

2. 不确定性是教育对外合作的主要风险

当前，全球百年未有之大变局正加速演进，世界多极化、经济全球化处于深刻变化之中，职业教育对外合作发展的外部环境日趋复杂，面临以下五个方面的不确定性影响：一是全球政治风险水平很难快速回落，局部冲突可能加剧；二是世界经济增长放缓，实现平稳复苏的难度加大；三是部分国家债务负担可能再度上升，债务危机阴影始终难消；四是单边主义政策可能加剧全球产业链供应链的脆弱性；五是碳中和政策分歧可能引发新的地缘政治风险。以上的不确定性，会影响地方财政对职业教育国际化的资金投入，将对意识形态工作提出更高的要求，会对文化话语冲突带来潜在风险。

三、新阶段职业教育国际化发展的建议

（一）服务发展，理顺校院两级管理机制体制

职业教育国际化发展要发挥机制的牵引作用，健全学校对外合作办学管理机制，完善合作办学配套政策。一是成立校级对外合作办学领导小组，二级学院设立院级对外合作办学工作小组，理顺领导和管理机制，明确校院层面两级管理的职权，明确对外合作办学业务流程。二是建立校级对外合作办学联席会议制度，凝练对外合作办学特色典型案例，形成"校院两级、点面结合、特色发展、错位竞争"的国际化发展新格局。三是设立对外合作办学绩效奖励专项，将对外合作办学纳入学校绩效考核指标。

（二）加强中外人文交流仍然是培养国际人才的重要渠道

由于公共卫生事件的深远影响，众多境外高校出现财政预算收紧，甚至严重制约学校发展的情况，境外国家地区将通过加大国际合作交流的方式，提升教育商业在国家财政收入中的比重，但全球疫情风险溢出也需要职业院校加大评估。我国与"一带一路"沿线国家的合作交流情况向好，深化与"一带一路"沿线国家合作，将是未来我国职业教育，尤其是粤港澳大湾区职业教育"走出去"与服务国际产能合作水平相结合的新趋势。

（三）扩大中外合作办学格局，打造"属地留学"品牌

加大力度支持中外合作办学的进一步发展，不仅能够减少疫情及主要留学生目的地国家收紧的留学生政策带来的负面影响，更重要的是，从长远角度来看，还能够促进职业教育教学体制机制的改革创新。未来，职业院校需要创新合作形式，探索"互联网+"的合作办学模式，引进海外优质留学项目，打造"属地留学"品牌。职业院校可以基于国家级、省级高水平专业群的发展需求，重点支持高水平专业群国际化发展，面向新工科、新文科等学科专业拓展，扩大中外合作办学项目的专业覆盖面。应对疫情挑战，职业教育需借助现代信息技术，发挥"智慧课堂"的基础保障作用，开辟留学生"云端"培养通道，并加强在线资源开发与中国特色国际课程推广平台建设，汇聚多种外语教学资源，打造双语互通的"云课堂"，保障留学生教学质量。

（四）重视国际化师资引进培养，提升教师国际交往能力

对于职业教育的国际化师资，可以从以下几方面着手：与合作院校建立校际访问学者机制，开拓"线上访问学者项目"；有重点地选派教师去境外一流大学访学交流，加大力度支持学校教师教学创新团队和重点专业群教师赴境外访学交流；大力引进海外高层次人才，采取超常规措施，在全球范围引进高层次人才，扩大职业院校留学归国人员比例；加强对教师的外语培训，着实提高大学教师的外语应用能力；营造宽松、自由、和谐的学术环境，为实现师资队伍的国际化搭建更优质的平台；组建学校国际化师资库，包括学校的国际化师资和行业企业协会的国际化技术技能人才，形成储备丰富、专兼结合、校企合作、产教融合的国际化教师团队。

（五）设立多语种学习中心，服务学生外语学习需求

深化基于OBE理念的公共英语教学改革，应注重学生的学习效能，尤其是综合素养，包括基于职业的国际规则、标准，涉外商务礼仪学习等，并采取"1+1+1"的方式开设行业英语，即行业英语的授课一部分由公共英语教师承担，一部分由所在专业的国际化教师承担，一部分由行业企业中的国际化兼职教师承担。此外，还应在部分高水平专业群中基础好的专业开设专业英语；引进涉外教育机构，建设国际预科中心，设立雅思、剑桥英语、对外汉语考点。

（六）发挥专业群优势，服务国际产能合作水平提升

深度挖掘地方规模企业对国际化技术技能人才培养、对外经贸方面的服务需求，携手行业龙头企业，定向培养企业"走出去"人才，造就一批具有国际视野、通晓国际规则、掌握外语能力、熟练技术技能的国际化人才，服务企业"走出去"。依托国家及地方商务机构发布的境外经贸合作区名录，对接境外合作区的境内实施企业，在老挝、印度尼西亚、泰国、柬埔寨、俄罗斯、匈牙利、巴基斯坦等"一带一路"沿线国家，提升职业院校专业服务国际产能合作水平。

（七）建设海外分校，深化与"一带一路"沿线国家合作

积极参与区域全面经济伙伴关系协定（RECP）、粤港澳大湾区等区域发展组织合作，在中国－东盟职业教育周、横琴粤澳深度合作区等涉外职业教育合作领域中建言献策，参与区域职业教育走出去标准、规则等方面的制定，提高职业院校的参与度和贡献度。持续深化职业院校国际学生教育工作，扩大招生专业和国际课程输出。以"鲁班工坊"建设为载体，推动职业教育参与"一带一路"建设。联合高水平专业（群）等特色、品牌专业（群），将中国武术、茶文化、丝绸服装、传统文化绘本等校本课程打造成国际化课程，依托留学生项目、海外分校等平台，探索"中文＋职业技能"的输出模式。探索师生互相交流、研修等合作项目，引进融合输出符合本土化和具有国际影响力的专业标准、课程标准、教学资源，共享中国职业教育模式，提升中国职业教育的国际影响力。

第二节　提质培优：职业教育国际化发展新要求

职业教育国际化是一种两个或多个国家在职业教育领域的交互活动，是职业教育在国际交流过程中不断调整发展方向与办学行为，促使其内涵要素与国外先进标准对接，持续适应国际规则的过程。职业教育国际化的形成和深化受到国际、国内和自身发展三方面影响。

一、中国职业教育国际化的动因

（一）全球化进程加速了职业教育全球合作

我国职业国际化是在全球化作用下，广泛的社会、经济、文化和技术力量施加于职业教育的结果。21世纪以来，得益于全球化发展，世界职业教育在人员流动、知识技术、技能标准、资历证书等方面相互联系和影响。在此过程中，诞生了区域性、国际性的教育机构与教育实体，出现了教育模式、教育理念等精神力量的跨国界、跨区域交流、冲突与融合。在全球化的作用下，职业教育、技术教育和终身教育理念成为社会共识。一方面，西方发达国家将吸引国际学生作为创造人才红利，抵消低生育率导致技能人才缺口带来的影响。西方国家通过设立海外分校，成立跨国教育机构，推动职业教育商业化和市场化，补充学校办学经费不足的短板。另一方面，发展中国家通过"走出去"和"引进来"，学习发达国家先进的职业教育模式和理念。进入21世纪，信息技术与职业教育融合进程加速，先进的信息技术加速了职业教育资源在全球范围的传播，职业教育的资历证书、课程标准、教学模式、教学资源等因数字技术泛化扩大了交流范围和合作深度。

（二）改革开放推进职业教育分类发展的新命题

改革开放40多年来，职业教育由普通教育转向类型教育，这是新时代我国职业教育重大理论创新和实践创新。职业教育的角色定位体现了党和国家对职业教育历史贡献的认可，以及新时代下持续优先发展职业教育的战略谋划。在建党100周年之际，即在党的教育事业的新起点上，职业教育承担着建设"中国特色、世界一流职业技术教育"的历史使命，要在支撑教育强国战略中发挥职业教育不可替代的作用。这种作用能不能形成与中国教育大国相适应的"中国标准""中国模式"，从而为世界各国借鉴，推动人类命运共同体发展，需要职业教育以更加开阔的理论视野和更加开放的世界观深化探索。

（三）国际化是职业教育提质培优的新要求

《职业教育提质培优行动计划（2020—2023年）》提出了实施职业教育服务国际产能合作行动，开展"加快培养国际产能合作急需人才"和"提升职业教育国际影响力"两项任务，为职业教育国际化提质培优、增值赋能提出了新的要求。职业教育是一个开放的系统，它强调与其周边和渗透于其中各种要素相互制约、相互关联的互惠关系，如职业教育界与企业产业界、国际同行的合作，将产业人才需求、技术服务需求、国际合作资源经过职业教育转化，形成能为社会和国际所认可的人才、技术标准。因此，职业教育提质培优不能"闭门造车"，需要置身于国际环境的开放系统中，形成国际通用的理论模式、标准模式，提升服务国际产能合作行动水平。

二、中国职业教育国际化的意义

（一）提升我国职业教育国际地位

在中国共产党建党 100 周年之际，我国职业教育同步取得了巨大成就，形成了全世界规模最大、体系最全、覆盖面最广的职业教育发展格局。但同时，我国职业教育国际化水平还有待提升，还不能与我国的综合国力和国际地位相匹配，在国际品牌、国际标准的认知度和公信力上还有很大提升空间。具体如下：一方面，加快融入世界职教话语体系，不断走近世界职业教育舞台中央，缩短我国职业教育与世界先进职业教育的距离，需要我国各级政府和职业院校进一步解放思想，扩大开放，出台有利于推动职业教育国际化发展的政策和措施，在机构设置、国际项目、人员交流、经费投入等方面予以保障，加速先进办学经验和办学模式在我国的交流与更新。另一方面，在全球化视野下把握职业教育国际化与西方经济社会发展的历史纠缠，充分理解彼此的观点和各国发展的优先事项，在一个开放和无偏见的环境中与全球职业教育沟通合作，达到对彼此职业教育制度设计、办学模式和培养方式的充分理解。

（二）提升职业教育服务国际产能合作水平

从国际看，经济全球化和全球治理格局的转变正加速我国优质产能"走出去"。伴随产业变迁与转移进程，职业教育必须要培养具有国际视野、通晓国际规则的技术技能人才，为中国企业海外生产经营培养符合其用人标准的本土人才。职业教育在交通运输、智能制造、电子信息、建筑技术、电子商务等领域培养了大批技术技能人才，在高铁技术、建筑工程等行业形成了世界公认的技术标准、人才能力标准和施工规程，这些领域行业也是我国职业教育服务国际产能输出的优势领域。进一步扩大职业教育对外开放、提升开放办学水平、促进职业教育国家交流，有利于提升职业教育服务国际产能合作水平。

（三）增进国家地区间文化互信

科学技术一体化和经济全球化是当代社会发展的主要趋势。职业教育培养技术技能人才、成果应用人才以及高端研究型人才，能有效促进现代科学理论、技术及其应用开发进程。职业教育在经济全球化中参与教育国际化分工，在教育国际化市场中占有重要份额。因此，职业教育国际化既能为科学技术赋能，又能为经济全球化增值，所以大力发展职业教育国际合作，提升国际化水平已经成为我国职业院校的普遍共识。实施职业教育国际化是服务构建人类"命运共同体"的举措之一，世界各地人们通过国际化交流，对不同教育制度设计、培养方式、理念加深了解，形成互学互鉴。

三、中国职业教育国际化的发展路径

（一）坚持需求与优质导向

"引进来"是根据职业院校发展的需要，学习和引进境外先进、成熟、适用的职业标准、专业课程标准、数字化教育资源等，通过转化使其融入学校教育教学，促进人才培养质量提升。在全球化时期，国际化被视为一项任务，其中包括国际活动、教学中的国际维度、国际经验和跨文化能力培养。新时期加强国际优质资源引进力度，要结合地区发展及职业教育内部需求，引进优质资源。

1. 坚持需求导向

职业院校开展职业教育国际化，要从自身发展需求出发，在国际化过程中有所取舍。随着我国职业教育的快速发展，区域之间、职业院校之间的发展差距不断拉大，发展特色更趋差异化，因此也凸显了各个职业院校之间的不同发展需求。东部和西部的职业院校、长三角与珠三角的职业院校的发展定位各有不同；粤港澳大湾区不同区位的职业院校，其产业背景、服务面向也有差异。为此，在引进境外教育资源的选择上应该以地区、学校的特色与需求为主要出发点。比如，广西地处亚热带，甘蔗制糖、香蕉种植等农业产业发达，与越南等东盟国家有接壤的先天优势，国际化上侧重东南亚农业技术推广合作；云南、辽宁、吉林、黑龙江等九个陆上沿边境省份充分利用区域优势，结合近邻国家地区的需求和学校自身特色有针对性地开展职业教育国际合作；陕西西安是古代丝绸之路的起点，因其厚重的历史文化为世界称誉，所以陕西职业教育在"一带一路"重要倡议中发挥了积极作用；粤港澳大湾区开放程度高，珠三角地区高职院校应契合大湾区发展规划纲要建设需求，加强与港澳职业教育合作。

2. 坚持优质导向

随着我国经济对外开放不断扩大，我国职业教育国际交流合作的水平、规模都有了新的发展，体现在人文交流事业不断深入，双向留学工作迈上新台阶，服务"一带一路"倡议取得新进展，我国职业教育的国际吸引力和影响力明显增强。《2019中国高等职业教育质量年度报告》显示，2018年，我国高职全日制来华留学规模达1.7万人，高职院校在境外设立分校（机构）33个，在境外地区落地专业教学标准595个。当前，我国职业教育国际合作进入了更加注重内涵，更加注重质量的新阶段。职业院校在选择境外合作对象时，要改变过去的"拿来主义"，要更注重合作对象的匹配度。尤其是各区域、学校，乃至学校在不同阶段的发展任务也有侧重，在合作对象和内容的选择上应更加慎重。首先，在合作方针上将加强和改进意识形态工作贯穿职业教育国际化的全过程，提高政治站位和辨识度，保证职业教育国际化发展的政治方向。其次，合作对象既要优质，又要"门当户对"，一方面要落脚于信誉良好的国际组织、跨国企业和职业教育发达国家，另一方面在办学层次要能相互对话、能持续深入合作。再次，在合作内容上要由浅层次的外延合作逐步发展为具有实质性的内涵合作，选择办学类型特色相近的境外高水平院校共建专业、实验室、实训基地、技能中心，共同开发课程，发展教师交流、学生交换、学分互认等合作关系，提升学校国际交往能力。

（二）加强学生国际化培养，服务优质产能"走出去"

"走出去"是指职业院校发挥人才、技术、信息等要素优势，加强与境外机构、组织、院校、企业等合作，传播中国职业教育的成功经验，服务中国企业境外生产经营的过程。服务企业"走出去"是我国职业教育服务构建人类命运共同体的重要方面，是职业教育国际化的重要内容，我们要加大国际化人才培养力度，提升服务发展水平。

1. 加强学生国际化培养

职业院校要以知识和技能为基础，采取更加务实的态度，深化学生国际化培养实践。这主要体现在行政管理、教学管理与组织、专业建设、实践教学以及国际项目等方面。第一，在行政管理上成立专门的国际合作部门，制定职业教育国际合作发展规划，并确保有足够的人力资源和技术手段能开展国际业务，招聘有资质的工作人员及外国教师，保障跨国沟通的信息技术手段。第二，在教学管理与组织上创新教学实践，引入翻转课堂、微课、慕课等教学模式，注重学生的工程技术、信息技术、团队合作和跨文化交流能力培养，培育学生的全球公民意识、文化多元性、文化包容性等价值观，增进学生跨文化、跨国界和跨种族的理解。第三，在专业建设上引入国际标准，提升专业建设国际化水平。引入悉尼协议、华盛顿协议、都柏林协议等国际协议，推动专业课程建设标准化，并鼓励学生考取国际专业资格证书，增强国际竞争力。第四，实践教学中结合专业，适时开展具有国际化语境的实践活动。比如，在社会管理专业中开展模拟联合国大会，在经济学、工商管理等专业中开展模拟国际贸易仲裁法庭、国际贸易商务谈判活动。第五，加强与国际组织合作，鼓励学生参加国际项目，增强学生与世界的联系。比如，伊拉斯谟计划（Erasmus +）等国际项目，联合国教科文组织世界遗产志愿者项目、泰国ICCVTT项目、哥斯达黎加环保项目等志愿者项目和带薪实习项目，"鲁班工坊""中文＋技能"等建设项目。通过上述途径，使我国职业教育学生更能适应国际劳动力市场的需求。

2. 落实"一带一路"重要倡议，服务优质产能"走出去"

"走出去"和"引进来"是一条双重发展的合作路线，是一种以教育资源整合共享为基础，以学校持续发展和师生全面发展为目标的双向交流，注重本土化和国际化的融合与创新，实现双向互动与发展，推动中外双方教育理念和教学质量的提升。经济全球化的进程并没有因为恐怖主义、贸易保护主义和文明冲突等负面影响而放缓，反而由于贸易和外国投资、信息技术和跨界合作模式的增加，世界各国经济合作逾趋紧密。据海关总署统计数据，2014—2019 年，我国与"一带一路"沿线国家贸易值累计超过 44 万亿元，年均增长达到 6.1%，我国已经成为沿线 25 个国家最大的贸易伙伴。我国越来越多的企业在沿线国家乃至欧美国家变得活跃，其以出口的形式或者通过收购、入股等方式进入世界市场，不断扩大我国产业的世界市场份额。比如，我国智能制造、轨道交通、物流运输等产业在国外均有分布，华为、小米、吉利汽车、海尔集团、碧桂园、万科、中建五局等企业设有海外分支或技术研发中心。2019 年，国家启动实施中国特色高水平高职学校和专业建设计划，集中力量重点打造一批与高端产业和产业高端相适应的高水平高职学校和专业群，高质量支撑国家重点产业、区域支柱产业发展，服务现代化经济体系建设和更高质量更充分就业。我国职业教育国际化要更有作为，要为中国企业海外经营生产培养具有较高国际交往能力的技术技能人才。2016 年 7 月，教育部发布《推进共建"一带一路"教育行动》，提出教育对外开放的新格局，聚力构建"一带一路"教育共同体。职业教育扩大"一带一路"沿线国际合作，要聚焦国家重大战略，携手企业，助力优质产能走出去，建立与"走出去"企业相适应的职业教育服务模式①，要聚焦全球产业发展前沿和地方经济社会发展需求，联合一流企业，通过建设产业学院、技术研发中心、学徒培养中心等方式，校企共同打造国际技术技能人才培养高地；要与"走出去"企业合作开展面向当地员工的职业培训，培养既懂中国管理和文化又具备职业技能的当地员工，提升当地人力资源水平。

（三）服务职教强国建设，促进国际影响力"再提升"

"再提升"是我国职业院校国际化发展的根本目标。新时期，职业院校国际化发展要服务建设具有国际影响力的教育强国建设目标，进一步扩大我国在职业教育领域的话语权，增强我国职业教育的国际影响力。

1. 深度参与国际合作，开展境外合作办学

在"引进来"规模不断扩大的同时，职业教育要通过实体化办学途径，提升"输出去"的办学质量。截至 2018 年 12 月，我国已在 154 个国家和地区建立 548 所孔子学院和 1 193 个中小学孔子课堂。职业教育要学习借鉴孔子学院的海外办学经验，发挥职业教育类型特色，在海外建设分校、鲁班工坊等办学机构，传播优秀职业技术和职业文化，弘扬中国"工匠精神"，促进国际影响力提升。《中国教育现代化 2035》提出，鼓励有条件的职业院校在海外建设鲁班工坊。在天津市教委的牵头下，从 2016 年首个鲁班工坊创立至今，我国已经在泰国、印度、葡萄牙等近 20 多个国家地区建立了鲁班工坊，培养培训了

---

① 杭勇敏，胡华平. 服务国家战略，推进高职教育国际化 [J]. 湖北工业职业技术学院学报，2018，31（06）：4-7.

数千名海外技术技能人才，在国外具有较高的影响力。鲁班工坊这一中国职业教育海外办学的国际项目，其创建对中国职业教育的国际化发展产生了巨大的推动作用，值得进一步推广。目前，我国的职业教育国际项目发展规模和水平还不够高，职业教育应该深化探索实践，需要进一步推广以鲁班工坊为代表的海外实体化办学经验，建设海外教学基地、实训基地、技能训练中心，提升服务发展水平。

2. 围绕领先性技术，制订职业教育国际标准

当前，新一轮科技革命和产业变革与我国加快转变经济发展方式形成历史性交汇，国际产业分工格局正在重塑。在这场科技革命与产业变革中，我国确立了通信技术、激光技术、航天技术、建筑技术等在全球的领先地位，我国的5G、动车制造、桥梁建造处于全球先进水平。2015 年 5 月 16 日，国务院正式印发《中国制造 2025》，提出要继续扩大开放，积极利用全球资源和市场，加强产业全球布局和国际交流合作，形成新的比较优势，提升制造业开放发展水平。

我国职业教育国际化要主动服务中国制造由制造大国走向世界制造强国的发展目标，要在国际产业分工格局重塑中抢占职业教育国际标准的制高点，在领先性的制造业领域建设职业教育国际标准体系，具体包括将标准引进与证书引进相结合，探索国际化职业技术证书落地的有效模式，形成学历证书与职业资格相融通的国家资历框架；与行业组织及国际龙头企业合作，开发国际标准的专业和课程体系，形成对接中高端产业发展的职业教育教学标准体系；加强对国际职业教育标准的研究，将国际职业教育标准的要求与中国职业教育发展的现实基础和需求结合起来，形成对接学习结构导向的职业能力标准体系，形成一批具有国际影响的高质量专业标准、课程标准、教学资源。

3. 围绕构建人类命运共同体，推进职业教育国际合作

我国职业教育为制造业等实体经济培养输送了大量技术技能人才，支撑了我国制造业的快速发展，这一历史经验为世界所认同，吸引了许多国家，尤其是发展中国家前来学习。自 1981 年起，我国与联合国开发计划署合作，为发展中国家在华举办了多个领域的使用技术培训班，涉及农林、水利、轻工、纺织、交通等 20 多个行业。目前，每年在华培训的发展中国家人员在 1 万名左右。我国还通过技术合作、职业培训、技能训练等方式为受援国培训了大量管理和

技术人员。2015 年 9 月，习近平总书记在纽约联合国总部发表重要讲话指出：
"当今世界，各国相互依存、休戚与共。我们要继承和弘扬联合国宪章的宗旨
和原则，构建以合作共赢为核心的新型国际关系，打造人类命运共同体。"①

现阶段，我国职业教育国际化要以习近平总书记构建人类命运共同体的思
想为指导，借力中非合作框架、中拉合作框架、"一带一路"重要倡议、南南
合作等国际平台，服务沿线国家建设，主动适应发展中国家对培养技术技能人
才的需求，将我国职业教育发展中形成的经验与世界共享。比如，现代学徒制、
校企合作、产教融合等帮助发展中国家走上共同富裕的道路，是在新的历史条
件下书写职业教育国际化的奋进之笔。

我国建立了世界上最大规模的职业教育体系，我国职业教育在办学理念、
办学模式、办学质量、发展内涵等方面积累了丰富的经验，走出了符合我国国
情的职业教育特色发展之路。随着经济全球化深入发展、对外开放更加深入、
"一带一路"重要倡议日益推进，沿线国家对职业教育和技术技能人才的需求
将不断增长，我国职业教育提质培优国际化将具有广阔的前景，值得我国职教
同仁深入实践，加大探索力度，凝练更多的经验。

---

① 佚名. 习近平出席第七十届联合国大会一般性辩论并发表重要讲话 [EB/OL]. （2015-09-
29）.http://cpc.people.com.cn/n/2015/0929/c64094-27644978.html.

参考文献

一、基本资料

[1] 中共中央马克思恩格斯列宁斯大林著作编译局 . 马克思恩格斯全集 [M]. 北京：人民出版社，1965.

[2] 教育部课题组 . 深入学习习近平关于教育的重要论述 [M]. 北京：人民出版社，2019.

[3] 中国职业技术教育学会 . 职业教育若干专题研究报告汇编 [M]. 北京：高等教育出版社，2018.

[4] 中国教育科学研究院 . 2021 中国职业教育质量年度报告 [M]. 北京：高等教育出版社，2021.

[5] 上海市教育科学研究院 . 2019 中国高等职业教育质量年度报告 [M]. 北京：高等教育出版社，2019.

二、著作

[6] 巴尼特 . 高等教育理念 [M]. 蓝劲松，译 . 北京：北京大学出版社，2012.

[7] 毛斯 . 社会学与人类学 [M]. 佘碧平，译 . 上海：上海译文出版社，2003.

[8] 霍伊，米斯克尔 . 教育管理学：理论·研究·实践（第 7 版）[M]. 范国睿，译 . 北京：教育科学出版社，2007.

[9] 阿特巴赫 . 国际高等教育的前沿议题 [M]. 陈沛，张蕾，译 . 上海：上海交通大学出版社，2014.

[10] 董刚 . 高等职业教育内涵式发展研究 [M]. 北京：高等教育出版社，2014.

[11] 俞启定，和震 . 中国职业教育发展史 [M]. 北京：高等教育出版社，2012.

[12] 谢长法 . 中国职业教育史 [M]. 山西：山西教育出版社，2011.

[13] 石伟平，匡瑛 . 中国教育改革 40 年：职业教育 [M]. 北京：科学出版社，2018.

[14] 马建生 . 创新与创业：21 世纪教育的新常态 [M]. 山东：山东教育出版社，2015.

[15] 姜大源 . 当代世界职业教育发展趋势研究 [M]. 北京：电子工业出版社，2012.

[16] 荣长海 . 职业教育现代化导论——职业教育现代化的内涵、标准、实现路径和监测指标研究 [M]. 天津：天津社会科学院出版社，2019.

[17] 朱立元 . 西方美学史（第一卷）[M]. 山西：山西教育出版社，2006.

[18] 罗念生，水建馥 . 古希腊语汉语词典 [M]. 北京：商务印书馆，2004.

[19] 陈中梅 . 荷马史诗研究 [M]. 南京：译林出版社，2010.

[20] 汪晖 . 现代中国思想史的兴起 [M]. 北京：三联书店，2008.

[21] 黄达人 . 高职的前程 [M]. 北京：商务印书馆，2012.

[22] 张卓玉 . 第二次教育革命是否可能——人本主义的回答 [M]. 北京：商务印书馆，
2009

[23] 王辉耀，苗绿 . 国际人才蓝皮书：中国留学发展报告（2020～2021）No.7[M]. 北京：
社会科学文献出版社，2021.

[24] 国务院 . 国务院关于加快发展现代职业教育的决定 [M]. 北京：人民出版社，
2014.

[25] 国家发展和改革委员会产业经济与技术经济研究所 . 中国产业发展报告：
2018——迈向高质量发展的产业新旧动能转换 [M]. 北京：经济科学出版社，
2018.

[26] 中华人民共和国国务院新闻办公室 . 中国的对外援助（2014）[M]. 北京：人民出
版社，2014.

[27] 美国商务部创新创业办公室 . 创建创新创业型大学：来自美国商务部的报告 [M].
赵中建，卓泽林，译 . 上海：科技教育出版社，2016.

[28] 中国特色高等教育思想体系研究课题组 . 中国特色高等教育思想体系论纲 [M].
北京：高等教育出版社，2017.

[29] 中国出口信用保险公司 . 国家风险分析报告（2021）[M]. 北京：中国金融出版社，
2021.

[30] 东莞市人才工作领导小组办公室 . 东莞人才发展报告（2021）[M]. 北京：中国劳
动社会保障出版社，2021.

三、报刊论文

[31] 佛朝晖，赵倩倩 . 新时代职业教育主动服务国家重大战略的意义、内容与策略 [J].
职教通讯，2019（5）：28-36.

[32] 姜大源 . 德国联邦职业教育法译者序 [J]. 中国职业技术教育，2012（10）：71-
88.

[33] 牛征 . 学习马克思教育经济价值理论推动中国职业教育发展 [J]. 职教论坛，2011
（22）：4-8.

[34] 邹瑄. 马克思人本思想及其当代价值探析 [J]. 牡丹江大学学报, 2009（11）: 28-30.

[35] 刘美霞. 澳大利亚 2004～2010 年职业教育和培训的国家战略. 世界教育信息, 2004（6）: 22-23.

[36] 吴江. 知识的分类 [J]. 甘肃社会科学, 2000（4）: 56-58.

[37] 廖申白. 亚里士多德的技艺概念: 图景与问题 [J]. 哲学动态, 2006（1）: 34-39.

[38] 周仁成. "技艺"在西方语境中的构成及研究的可能性——以柏拉图和亚里士多德为例 [J]. 江西社会科学, 2010（1）: 63-65.

[39] 张健. 工作化知识: 高职课程体系整合的理论基石 [J]. 职业技术教育, 2013（28）: 34-38.

[40] 王玲. 高技能人才与技术技能型人才的区别及培养定位 [J]. 职业技术教育, 2013（28）: 11-15.

[41] 谢祝清. 中国古代"百工"技艺教育途径考究 [J]. 牡丹江师范学院学报（社会科学版）, 2013（2）: 63-65.

[42] 陈永杰, 谭晓婷. 论"否定性"概念的批判性重构——马克思对黑格尔辩证法的超越 [J]. 东南大学学报（哲学社会科学版）, 2022, 24（1）: 43-50.

[43] 曹英. 高职院校创客教育模式下顶岗实习改革探析 [J]. 文教资料, 2016（13）: 94-95, 123.

[44] 许少榕. 高职教育实践教学评价体系的构建——以福州职业技术学院为例 [J]. 郑州铁路职业技术学院学报, 2018, 30（04）: 46-49.

[45] 王向华, 张曦琳. 新制度主义视角下我国高等教育第三方评估面临的困境及其对策 [J]. 高等教育研究, 2018（6）: 36-41.

[46] 李梦卿, 刘晶晶, 刘占山. 职业教育第三方评价的价值原旨、需求功能与趋势常态——基于 2017 年福建省职业教育教学成果奖评审的思考 [J]. 教育发展研究, 2018（11）: 34-40.

[47] 蹇世琼, 韩秋茹. 职业教育校企合作立法的法律困境及其路径突破 [J]. 当代职业教育, 2019（2）: 11-16.

[48] 雷正光. 新时代职业教育第三方评价机制构建 [J]. 教育与职业, 2019（5）: 13-17.

[49] 韩喜梅，潘海生，王世斌.职业教育质量第三方评估的现实背景、合法性危机及化解路径 [J].高校教育管理，2018（6）：29–36.

[50] 丁建石.第三方参与职业教育质量评价的现状、问题及法律政策建议 [J].教育与职业，2017（20）：26–32.

[51] 李玮炜，贺定修.管办评分离背景下职业教育第三方评价的机制构建与实施路径 [J].教育与职业，2019（16）：25–31.

[52] 胡欣.管办评分离框架下高职院校自主发展探究 [J].学校党建与思想教育，2015（10）：66–68.

[53] 唐佩.职业教育引入第三方评价的教育经济学审视 [J].教育理论与实践，2017（27）：18–20.

[54] 曹辉，郑智伟.高等教育第三方评估的法律地位探讨 [J].上海教育评估研究，2018（4）：1–5.

[55] 韩久同，郭立友.构建高职院校师德建设长效机制的探索 [J].职业技术教育，2007（20）63–64.

[56] 蔡志良.中国传统师德的基本内容及现实意义 [J].浙江师范大学学报（社会科学版），1999（2）：99–101.

[57] 李玮炜，贺定修.高职提高师德建设实效性的三个对接 [J].继续教育研究，2015（5）：26–28.

[58] 王艳秋.关于高校思政课教师师德建设长效机制的构建研究 [J].教育探索，2013（8）：123–124.

[59] 张杰.以高度的文化自觉和文化自信推动大学文化建设 [J].求是，2012（9）：47–49.

[60] 李晓年.高校制度文化建设探索 [J].黑龙江高教研究，2005（2）：21–23.

[61] 崔清源.当下高职"使命"何在 [J].教育与职业，2013（7）：24.

[62] 潘瑶婷，刘克勤.简论高职院校青年教师的道德教育与道德发展 [J].中国成人教育，2008（12）：89–90.

[63] 陈锋.产教融合：深化与演化的路径 [J].中国高等教育，2018（13）：13–16.

[64] 谢志平，应建明.近十年我国职业教育产教融合研究综述 [J].高等职业教育探索，2018，17（3）：6–10，28.

[65] 周晶，岳金凤．十八大以来中国特色现代职业教育深化产教融合校企合作报告 [J]. 职业技术教育，2017，38（24）：45-52.

[66] 孙善学．产教融合的理论内涵与实践要点 [J]. 中国职业技术教育，2017（34）：90-94.

[67] 杨海峰，黄陈，李艳艳，等．高职教育产教融合的时代特征与路径选择 [J]. 高教学刊，2018（6）：57-59.

[68] 马永红，陈丹．企业参与校企合作教育动力机制研究——基于经济利益与社会责任视角 [J]. 高教探索，2018（3）：5-13.

[69] 李玮炜，贺定修．"双高计划"背景下高职产教融合的基础、需求与路径 [J]. 中国职业技术教育，2019（30）：5-9.

[70] 梁耀相．高职教学计划制订与执行过程中的现实缺失与路径优化 [J]. 温州职业技术学院学报，2019（2）：33-38.

[71] 周峰．高职实践教学的内涵及其发展途径 [J]. 教育与职业，2015（5）：168-169.

[72] 花菊香．突发公共卫生事件的应对策略探讨——多部门合作模式的社会工作介入研究 [J]. 学术论坛.2004（4）：162-166.

[73] 李玮炜．中外"技艺"教育视野中的创新创业教育研究 [J]. 江苏经贸职业技术学院学报，2018（5）：83-85.

[74] 黄日强，王小军．面向市场：澳大利亚 TAFE 学院职业教育的重要特征 [J]. 江苏技术师范学院学报（职教通讯），2009，24（1）：76-80.

[75] 周兴国．新自由主义、市场化与教育改革 [J]. 外国教育研究，2006（3）：7-11.

[76] 修春民．德国双元制职教模式输出到 19 国 [J]. 世界教育信息，2017（23）：79.

[77] 闵京华．"走出去""引进来"：双管齐下促发展——利用现代信息技术，加强与留学人员的沟通渠道 [J]. 中国政协，2005（4）：75.

[78] 杭勇敏，胡华平．服务国家战略　推进高职教育国际化 [J]. 湖北工业职业技术学院学报，2018，31（6）4-7.

[79] 杨延．鲁班工坊建设的动因、内涵与特征分析 [J]. 中国职业技术教育，2019（28）：67-71.

[80] 李玉静．职业教育教学标准体系的基本框架 [J]. 职业技术教育，2016（34）：1.

[81] 李玮炜，王雪莹．职业教育国际化的内涵、演进及挑战探究 [J]. 广东职业技术教育与研究，2021（5）：41-43.

[82] 樊惠英. 印度职业技术教育发展的回顾 [C]// 中国地方教育史志研究会. 纪念《教育史研究》创刊二十周年论文集（20），2009.

[83] 王卫军. 教师信息化教学能力发展研究 [D]. 兰州：西北师范大学，2009.

[84] 吉莉莉. 加拿大社区学院高等职业技术教育研究——以乔治布朗学院（George Brown College of Applied Art and Technology）为个案 [D]. 北京：中央民族大学，2007.

[85] 祝和军. 精技近乎艺 [N]. 光明日报，2014-01-04（12）.

[86] 鲁昕. 高质量发展现代职业教育为强国建设提供坚实人才支撑 [M]. 人民政协报，2020-12-09（9）.

四、外文资料

[87] Lenk H. Advance in the Philosophy of Technology: New Structural Characteristics of Technologies[J]. *Society for Philosophy & Technology*, 1998 (4).

[88] Thorsteinsson G., Page T. Innovation and practical use of knowledge is a way to futureeducation[J]. *Bulletin of Institute of Vocational & Technical Education*, 2006（3）.

[89] Altbach P G. *Education and the Colonial Experience*[M]. New Brunswick: Transaction Books Inc. , 1984.

[90] Risager K. Globalization and internationalisation: two conflicting discourse?[A]. *Internationalising Vocational and Training in Europe*[C], *Belgium*, 2000:17-21.

[91] Wang H Y, Michie A. *Consensus or Conflict? China and Globalization in the 21st Century*[M].Berlin: Springer, 2021.

五、电子文献

[92] 德勤. 新政重塑教育格局——中国教育发展报告 2021[EB/OL].（2021-11-15）[2022-01-26]. https://www2.deloitte.com/cn/zh/pages/technology-media-and-telecommunications/articles/education-development-report-2021.html.

[93] 王扬南. 建立国家资历框架 加快推进现代职业教育体系建设 [EB/OL].（2019-05-08）. http://www.moe.gov.cn/jyb_xwfb/xw_zt/moe_357/jyzt_2019n/2019_zt11/zjjd/201905/t20190508_381178.html.

[94] 余克泉. 精准扶贫，职业教育大有可为 [EB/OL].（2018-11-22）[2022-01-26].

https: //epaper.gmw.cn/gmrb/html/2018–11/22/nw.D110000gmrb_20181122_1–14.
htm.

[95] 王继平 . 职业教育国家教学标准体系建设有关情况 [EB/OL].（2018–08–30）
[2022–01–26]. http: //www.moe.gov.cn/jyb_xwfb/xw_fbh/moe_2069/xwfbh_2017n/
xwfb_20170830/sfcl_20170830/201708/t20170830_312706.html.

[96] 佚名 . 习近平总书记谈职业教育：人人皆可成才、人人尽展其才 [EB/OL].
（2017–10–16）[2022–01–26]. http: //www.moe.gov.cn/jyb_xwfb/xw_zt/moe_357/
jyzt_2017nztzl/2017_zt11/17zt11_xjpjysx/201710/t20171016_316450.html.

[97] 孟辉，白雪洁 . 提升人力资源配置效率 助推产业结构现代化 [EB/OL].（2019–
04–23）http: //www.cssn.cn/zx/bwyc/201904/t20190423_4867934.shtml.

[98] 宁锐，刘宏杰 . 近年来国际职业教育发展战略动态 [EB/OL].（2012–04–16）
[2022–01–26]. http: //www.civte.edu.cn/yjs/yjcg/201204/43efc92e1dd14d93a29919de
25b99e54.shtml.

[99] 四川省教育厅 . 开启"线上教学新学期"，四川高职院校在行动 [EB/OL].（2020–
02–24）. http: //www.scedu.net/_wx/_wx_home_news_i.aspx?iid=637181732057
018727.

[100] 东莞职业技术学院 . 东莞职业技术学院"十二五"发展规划 [EB/OL].（2015–
11–09）. https: //dzxxgk.dgpt.edu.cn/info/1036/1153.htm.

[101] 杜尚泽，李秉新 . 习近平出席第七十届联合国大会一般性辩论并发表重要讲话
[EB/OL].（2015–09–29）.http: //cpc.people.com.cn/n/2015/0929/c64094–27644978.
html.

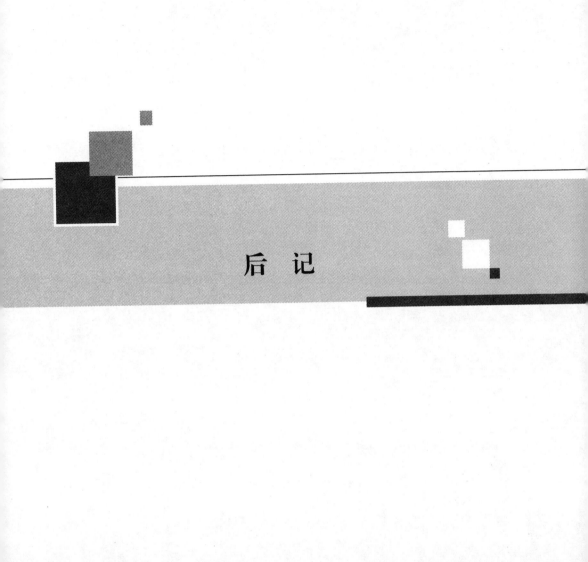

后 记

除了本书所探讨的五个方面以外，职业教育值得深入研究的领域还有很多，如科学研究、质量体系、素质教育。希望本书能够对不断涌现的职业教育现代性或现代化表征的梳理和呈现起到一定的表率作用。

本书展示的中国职业教育现代发展经验和路径，强调了中国职业教育现代化样态的多元化。这种多元化不仅体现在同一时期职业教育发展的不同表征，也体现在不同历史时期职业教育实践的"否定性"进程中，体现在一种螺旋上升的发展状态中。此外，本书还提供了一个来自地方的样本分析——"东莞经验"，希望能够为具有相同历史境遇、拥有相似发展目标的同行提供近距离观察视角，在发展战略的制定和实施上有一个相对的参照。

当然，职业院校要做的还有很多。提升人才培养质量、深化教育体制改革、提升办学效益、加大教育投入、增强国际竞争力，这些依然是职业院校未来持续努力的方向。随着职业教育对经济社会发展的影响不断增强，中国上万所职业院校将成为先锋，在高素质技术技能人才能够在各行各业上发挥建设性作用、服务经济社会转型升级上扮演更重要的角色。

本书虽然对中国职业教育现代化实践进行了一系列梳理，对其若干方面的关键命题和核心环节进行了探讨，但仍然还有很多值得深入思考的方面。我们期待通过这样的一种尝试，在将来的研究中进一步深化对职业教育发展的认识，掌握其发展规律和内涵。

任重道远，我们愿意负重前行。

作者
2022 年 3 月